Karin Wurzacher

Alois Berger

Der Alpenkönig

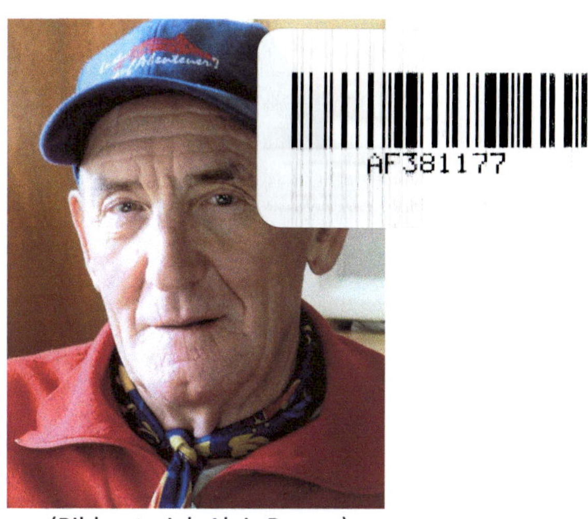

(Bildmaterial: Alois Berger)

Biographische Erzählungen

Die Deutsche Nationalbibliothek verzeichnet diese Publikation in der Deutschen Nationalbibliografie; detaillierte bibliografische Daten sind im Internet über http://dnb.dnb.de abrufbar.

TWENTYSIX – Der Self-Publishing Verlag
Eine Kooperation zwischen der Verlagsgruppe Random House und
BoD – Books on Demand

Herstellung und Verlag:
BoD – Books on Demand, Norderstedt
ISBN: 9783740761875

Vorwort

Kurz nachdem ich meinen ersten Roman veröffentlicht hatte, bat mich der Erzähler dieses Werkes, seine Erlebnisse vorwiegend in den Funktionen als Bergführer und Bergretter, zu verfassen.

Da ich in dieser Aufgabe eine spannende Herausforderung sah, stellte ich meine eigenen Projekte hinten an und begann im Frühjahr 2018 damit, die Berichterstattungen des Protagonisten aufzuzeichnen.

Nachdem ich genügend Material gesammelt hatte, übertrug ich die Aufzeichnungen auf meinen PC und stellte nachfolgenden Text zusammen.

An dieser Stelle möchte ich mich für das entgegengebrachte Vertrauen seitens meines „Auftraggebers" bedanken und wünsche dem Leser ebenso viel spannende Unterhaltung beim Schmökern, wie ich sie beim Schreiben nachfolgender Geschichten hatte.

Dazu möchte ich noch anmerken, dass ich alle Gegebenheiten genau so übernommen habe, wie sie mir seitens des „Alpenkönigs" aus dessen Erinnerungsvermögen übermittelt wurden.

Dementsprechend übernehme ich als Autorin keine Gewähr für die Richtigkeit der einzelnen Episoden.

Mein Dank gilt auch all jenen, die mich bei der Entstehung sowie der Veröffentlichung dieses Buches unterstützt haben.

40er Jahre

Blick vom Großvenediger (3674 m) gegen Nordwesten
Obersulzbachkees (Bildmaterial: Alois Berger)

Die Faszination der heimischen Bergwelt ergriff mich schon sehr früh. Mit gerade mal 6 Jahren wollte ich unbedingt wissen, wie es wohl auf der anderen Seite des Großvenedigers (3674 m) ausschaut.

Man sieht ja von unserem Tal aus nur eine Seite des gigantischen Massivs und ich dachte mir, wenn ich erst mal dort oben stehe, sehe ich die ganze Welt. Die Vorstellung über eine gigantische Aussicht ließ mir keine Ruhe mehr.

Also ergriff ich an einem sonnigen Bilderbuchtag im August spontan die Gelegenheit von zuhause auszubüchsen, um mich auf den Weg zum zweithöchsten Berg unserer alpenländischen Gefilde zu machen.

Meine Eltern waren glücklicherweise mit ihrer Arbeit auf unserem Bauernhof so sehr beschäftigt, dass ich unbemerkt entwischen konnte. Ich war mir sicher, dass ich längst auf dem Gipfel stehen würde, bis ihnen mein Verschwinden überhaupt erst auffiel.

Als 6-jähriger Bursche, der seinen Pioniergeist entdeckt hatte, dachte man über alles mögliche nach, doch bestimmt nicht darüber, dass sich jemand Sorgen machen könnte.

Schließlich wollte ich nur die Welt in ihrer ganzen Einheit sehen und das schien mir vom Gipfel eines hohen Berges am ehesten möglich.

Ich war viel zu aufgeregt und neugierig, was sich auf der anderen Seite des Großvendigers abspielt, als dass in meinem kleinen Köpfchen noch Platz für andere Gedanken übrig geblieben wäre.

Also marschierte ich, fest entschlossen, dem Abenteuer meines Lebens entgegenzugehen, in leichter Sommerbekleidung zielstrebig aus der Haustür, um nach Hinterbichl zu wandern und nahm dann direkten Kurs in Richtung Großvenediger zu nehmen.

Im Defreggerhaus, der letzten Hütte vor dem eigentlichen
Aufstieg, traf ich auf eine Gruppe Bergführer, die für meine
Begriffe schon ziemlich alt und somit entsprechend erfahren
gewesen sein mussten.

Ein genaues Alter konnte ich natürlich nicht bestimmen, denn
wenn man wie ich seinerzeit, gerade mal den Kindergarten
hinter sich gelassen hatte, war ein 20-jähriger bereits ein ur-
alter Mann.

Auf die Frage, was ich in dieser Höhe so alleine zu suchen
hatte, antwortete ich ganz selbstverständlich: „Ich möchte
auf den Venediger, um die ganze Welt sehen zu können".

Daraufhin sahen sie mich höchst belustigt an. Ich wusste zwar
nicht, was daran so komisch sein sollte, da sie selbst ja den
gleichen Plan verfolgten, blieb jedoch stumm und blickte die
Herren nur erwartungsvoll an.

Anscheinend imponierte ihnen mein Mut und so nahmen sie
mich tatsächlich in ihrer Seilschaft auf. Wie ein Honigkuchen-
pferd strahlte ich in die Runde und konnte den Aufstieg kaum
erwarten.

Da ich für eine solche Tour allerdings mehr als unpassend ge-
kleidet war, liehen mir die Bergführer wenigstens Handschuhe und eine Mütze, damit ich der Kälte, die auf 3674 m
herrschte, nicht gar so schutzlos ausgeliefert sein würde.

Dann endlich ging es los und die „alten" Herren bestiegen mit
mir den Gipfel.

Ich erinnere mich heute in erster Linie daran, dass an besagtem Tag zwar die Sonne schien, eine entsprechend tolle Sicht
herrschte, es aber trotzdem kalt war, sehr kalt sogar. Obwohl
mein erstes Bergabenteuer im August stattfand, kämpfte ich
gegen Temperaturen von bis zu ca. -16° C an. Auf dem Gipfel
angekommen, vergaß ich für kurze Zeit die unglaubliche
Kälte, die mir in allen Gliedern steckte.

Der Ausblick von dort oben war unbeschreiblich beeindru-
ckend, obwohl ich zugeben muss, dass ich mir die Welt

wesentlich größer vorgestellt hatte. Damals war mir nicht bewusst, dass ich nur einen äußerst bescheidenen Teil davon überblicken konnte.

Jenes einschneidende Gipfelerlebnis fand vor beinahe 80 Jahren statt, doch ich weiß noch sehr genau, dass mir nach dieser Erlebnistour erst wieder einigermaßen warm wurde, nachdem ich bereits eine ganze Weile, mit Decken und heißer Schokolade bewaffnet, im Defreggerhaus saß.

In der Tat war mir ganz schrecklich kalt, doch die Besteigung des Großvenedigers war jeden einzelnen Knieschlotterer wert.

Zudem machte sich eine gewisse Portion Stolz in meiner zarten Kinderbrust breit, nachdem sich die Bergsteiger mit meiner Leistung ziemlich zufrieden zeigten und mich anerkennend lobten.

Während ich meine Neugier befriedigt wusste, wie der Venediger von der anderen Seite aussieht, suchten meine Eltern im Tal verzweifelt nach mir. Da mein Ausflug ja immerhin ein paar Stunden in Anspruch genommen hatte, war ihnen während der langen Zeit meines Ausbleibens dann doch irgendwann aufgefallen, dass ich mich nicht zuhause aufhielt.

Sie suchten mich im Ort und an der Isel, doch hätten sie sich niemals träumen lassen, ihre Suche auf den zweithöchsten Berg Österreichs verlegen zu müssen, um mich zu finden.

Wieder heil und glücklich zuhause angekommen, bekam ich für mein Abenteuer weder Anerkennung noch einen stolzen Schulterklopfer seitens meines Vaters. Stattdessen kassierte ich eine ordentliche Tracht Prügel für meine „Heldentat". Heute weiß ich, dass sie sich große Sorgen um mich machten und verstehe ihre Reaktion, die aus Angst und Wut resultierte. Mit 6 Jahren allerdings empfand ich die Züchtigungsstrafe mehr als ungerecht, da ich ja nichts böses getan hatte. Vielleicht waren sie aber auch nur erzürnt, dass ich den Venedigergipfel ohne sie erklommen hatte.

Was auch immer, Erwachsene sind im Kindesalter eh schwer zu verstehen und ich war viel zu sehr mit den gewaltigen Eindrücken beschäftigt, die in meinem Kopf stets von Neuem wie ein Film abliefen, als dass mich die Versohlung meines Hosenbodens nennenswert interessiert hätte. Im Gegenteil, für solch ein gewaltiges Abenteuer hätte ich immer wieder Schläge in Kauf genommen.

In Verbindung mit der Nilljochhütte (1990 m) fällt mir spontan eine Anekdote ein, die sich ebenfalls in meiner Kindheit ereignete.

Zu der Zeit, als ich die Volksschule besuchte, unterrichtete uns ein Lehrer, der gebürtig aus St. Veit im Defereggental stammte. Jener Pädagoge war alkoholisierten Getränken sehr zugetan und konsumierte entsprechende Mengen davon.

Anlässlich eines Schulausflugs wanderten wir Schüler in der Obhut eben dieses Lehrers zur Nilljochhütte.

Erstes Etappenziel unseres Fußmarsches war die Grießeralm. Dort kehrten wir zu, um eine Vesperpause einzulegen und unsere sogenannte Aufsichtsperson wusste nichts besseres zu tun, als reihenweise große Gläser mit hochprozentigem Schnaps zu trinken. Obwohl der Lehrer anschließend kaum noch im Stande war, gerade zu stehen geschweigedenn zu gehen, war er noch immer fest entschlossen, die Wanderung fortzusetzen.

Der Weg zur Hütte verlief im Gegensatz zu heute extrem schmal. Ich musste den Lehrer während des gesamten Aufstiegs führen und stützen, sonst wäre er garantiert umgefallen und womöglich gar in den Tod gestürzt.

Unser Rückweg erfolgte allerdings über Obermauern, nachdem ich zu meinen Mitschülern gesagt hatte:" Diesen gefährlichen Aufstieg gehen wir mit dem volltrunkenen Lehrer nicht wieder zurück!"

Zu dem Zeitpunkt war ich ca. 12 Jahre alt. Eine Schulklasse bestand damals sowohl aus älteren als auch aus jüngeren Kindern zugleich. Demnach waren Schüler im Alter von 8 bis 12 Jahren dabei. Obwohl besagter Lehrer für sein Alkoholproblem ortsbekannt war, vertrauten unsere Eltern darauf, dass nichts passieren würde.

Dabei gab und gibt es auf dem Weg zur Nilljochhütte einige heikle Stellen, die gefährlich sind. Die Route sieht nämlich wesentlich harmloser aus, als sie tatsächlich ist und es verunglückten neben zwei Gästen auch schon Einheimische tödlich.

Unterhalb des Rainertörls (3400m) (Bildmaterial: Alois Berger)

50er Jahre

Großvenediger (3674 m) (Bildmaterial: Alois Berger)

In der Zeit nach Kriegsende hatte ich mit gerade mal 17 Jahren meinen ersten Einsatz als Bergführer. 1945 trafen die Heimkehrer ein, wobei einige – vor allem ältere Männer – fehlten, da sie im Kampf gefallen waren. Andere kamen mit mehr oder weniger schweren Verletzungen in die Heimat zurück.

Einer der heimgekehrten Soldaten, der ausgebildeter Bergführer war, gab mir eines Tages den Auftrag, auf die Neue Essener Hütte (2500 m), die sich weit oben im Umbaltal befand, zu gehen.

Dort warteten bereits mehrere österreichische Bergsteiger auf mein Eintreffen, um in meiner Begleitung die Dreiherrenspitze (3499 m) zu erklimmen.

Obwohl ich selbst bis zu diesem Zeitpunkt noch nicht zu diesem Gipfel aufgestiegen war, wusste ich natürlich dennoch sehr genau, welche Route ich nehmen musste.

Meine weitaus erfahreneren Kollegen hatten wohl ebenfalls keine Zweifel an meinen Fähigkeiten, denn sie meinten nur: „Lois, da kommst du wohl hin und auf den Berg schaffst du es auch.“

Da ich schon damals kein ängstlicher Mensch war, marschierte ich entschlossenen Schrittes los. Als ich auf der Neuen Essener Hütte ankam, die nur kurze Zeit später aufgrund eines Lawinenabgangs ein zweites Mal komplett zerstört wurde, erwarteten mich bereits 5 Burschen im Alter so um die 30 Jahre. Nach einer Hüttenübernachtung brach ich mit meiner Gruppe am nächsten Morgen zur Dreiherrenspitze auf.

Nach geraumer Gehzeit ohne nennenswerte Erschwernisse kamen wir dann jedoch an eine Schlucht, die mit gefrorenem Schnee angefüllt war. Nachdem ich die örtlichen Gegebenheiten genauer inspiziert hatte, kam ich zu dem Schluss, dass ein

Anseilmanöver nicht nötig war, da es höchstens ca. 20 m bis 30 m Schneefläche zu überwinden galt. Danach ging der Weg im Geröll und somit ungefährlich weiter.

Sicherheitshalber wandte ich mich an die Männer und fragte nach, ob sich jeder einzelne von ihnen zutrauen würde, die Schlucht unangeseilt zu passieren.

Ich ließ die Jungs erst mal stehen, stapfte alleine voraus und schlug mit dem Eispickel sogenannte Kardinalsstufen in den gefrorenen Schnee, um meiner Gruppe die Überquerung der glatten, eisigen Fläche zu erleichtern. Diesen Behelf, der einen sichereren Tritt gewährleistet, taufte ich selbst so, da die von mir ausgeklopften Platten größeren Bodenfliesen ähneln. Ganz ungefährlich war es natürlich nicht, jene Stelle ohne Seil zu meistern, denn es ging sehr steil hinunter und der Schnee war in der Früh noch steinhart. Nachdem ich die Stufen in den Schnee gehauen hatte, ging ich zu den Männern zurück und fragte noch einmal in die Runde, ob es für jemanden ein Problem darstelle, die Schneepassage ohne Seil zu überwinden. Einem von ihnen war es nicht recht geheuer, da der vereiste Abhang eben doch ziemlich steil wirkte.

Um den Zweifler zu beruhigen, wies ich ihn an, unmittelbar hinter mir zu gehen, damit ich ihn leicht zu fassen bekam, sollte er stürzen oder ausrutschen.

Tja und was passierte? Dieser etwas ängstliche junge Mann rutschte tatsächlich aus und ich konnte ihn leider auch nicht mehr abfangen. Somit rutschte er, trotz verzweifelter Versuche, mit dem Pickel irgendwie Halt zu finden, zunächst den steilen Schneehang hinunter und über die im Anschluss befindliche Geröllllage ab.

Während ich seine Rutschpartie verfolgte, dachte ich bei mir: „Na, das fängt ja gut an!"

Als der Knabe endlich zum Liegen kam, stieg ich zu ihm hinunter.

Glücklicherweise trug er nur leichte Verletzungen davon,

obwohl er alles andere als gut aussah. Es zeigten sich etliche Blessuren, ein mit Blut verschmiertes Gesicht, zerkratzte Hände sowie abgerissene Fingernägel.

Nachdem ich den Menschen notdürftig verbunden und wieder einigermaßen ansehnlich hergerichtet hatte, stieg er mit mir zu den anderen zurück. Trotz dieses unschönen Zwischenfalls setzten wir unseren Aufstieg zum Gipfel der Dreiherrenspitze fort.

Nach erfolgreicher Besteigung dieses doch ziemlich schwierigen Berggiganten, stieg ich mit der gesamten Truppe wieder zur Neuen Essener Hütte ab.

Für den nächsten Tag stand die Route über das Reggentörl zur Essener-Rostocker-Hütte auf dem Programm. Bevor wir aufbrachen, fragte mich der Verletzte: „Ja, schaffe ich das überhaupt mit meinen Blessuren?". Darauf gab ich beschwichtigend zur Antwort: „Ja, ja, das ist bei weitem nicht so schwierig wie gestern. Es ist allerdings sehr weit, aber das packst du schon".

Auf dieser Route gibt es eine Stelle, von der aus man eine atemberaubende Sicht auf den Großvenediger erhält. Dort angekommen, sagte einer aus der Gruppe plötzlich: „Jetzt kann man den Venediger gerade so schön sehen. Bevor wir weitergehen, möchte ich ihn fotografisch festhalten". Darauf gab ich ihm zu verstehen: „Aber nicht hier, da ist es zu lawinengefährlich".

Dazu muss ich kurz aufklären, dass es über Nacht gut und gern einen halben Meter geschneit hatte. Wir gingen also noch ein Stück weiter bis zu einem Felsen, der sich als Schutz gut eignete. In der Gesteinsdeckung erlaubte ich dem Mann, ein schnelles Foto zu machen. Wie es der Teufel will, löste sich ausgerechnet in dem Moment, als der Hobbyfotograf gerade sein Stativ samt Kamera positioniert hatte, tatsächlich eine Lawine, die exakt auf unsere Gruppe zusteuerte. Geistesgegenwärtig schnappte ich die Männer und riss sie noch näher

an die Felsnase, während die Schneemassen über unsere
Köpfe hinwegdonnerten.

Da sich die aufgebaute Kamera außerhalb der felsigen Schutz-
zone befand, war diese in Sekundenschnelle verschwunden.

Die komplette Fotoausrüstung wurde von der Lawine mit in
die Tiefe gerissen.

Irgendwo in diesem Gebiet dürfte das Stativ und die Kamera
aus längst vergangenen Tagen wohl heute noch liegen.

Viel wichtiger war jedoch, dass wir diese Naturgewalt unbeschadet überstanden hatten.

Da kann man mal sehen, was sich innerhalb einer 2-Tages-
Tour so alles ereignen kann.

Bereits am ersten Tag stürzte einer aus der Gruppe ab und am
zweiten Tag löste sich eine Lawine, bei der wir glücklicherweise mit dem Schrecken davon kamen. Ohne Fotoausrüstung und auch ohne weitere Zwischenfälle erreichten wir die
Essener-Rostocker-Hütte.

Immerhin handelte es sich dabei um meine allererste geführte Bergtour. Gelernt hatte ich nach den zwei Tagen, dass
ein Anseilen für die Überquerung der eisigen Schneefläche
notwendig gewesen wäre und ich nicht hätte zulassen dürfen,
die Leute wegen eins Fotobilds vom Großvenediger unnötig
in Gefahr zu bringen. Lawinenabgänge sind eh eine teuflische
Sache.

Von der Essener-Rostocker-Hütte marschierten wir dann
übers Türmljoch zur Johannishütte (2121 m) und von dort
weiter zum Defreggerhaus (2962 m).

Tags drauf bestiegen wir den Venedigergipfel, um sodann
nach Hinterbichl abzusteigen.

So begann also meine Bergführerkarriere im jungen Alter von
17 Jahren, in dem sich viele Altersgenossen noch nicht mal in
der Lehre befanden.

Als junger Bursch voller Tatendrang meldete ich mich auch beim hiesigen Bergrettungsverein an.

Da ich mich damals noch in der Ausbildung befand, durfte ich bei nachstehend geschilderter Bergungsaktion leider nicht mitwirken. Ich stieg zwar mit meinen erfahrenen Kollegen bis zur Essener-Rostocker-Hütte auf, musste dort jedoch warten, bis die Kameraden von der Bergung zurückkamen. Auch wenn ich am Einsatz selbst nicht teilnehmen durfte, war es doch eine aufregende Sache. Ich wusste, dass es sich um ein Lawinenunglück auf der Simonyspitze (3441 m) handelte, bei dem 5 Bergsteiger den Tod fanden. Diese waren, bis man sie bei den eisigen Temperaturen gefunden hatte, bereits steif gefroren. Während die einen in horizontaler Stellung verharrten, waren andere Körper in eher aufrechter Sitzposition eingeeist.

Ungeduldig vor der Hütte wartend, staunte ich nicht schlecht, als ich meine Kollegen endlich herannahen sah. Meine Kameraden benutzten die gefrorenen Leichen nämlich als Schlitten und fuhren auf ihnen bis zum Haus.

Eine solch unkonventionelle Art der Bergung hört sich für Außenstehende sicherlich äußerst makaber an, doch war es die einfachste Methode, die tödlich Verunglückten abzutransportieren.

Ab der Essener-Rostocker-Hütte ging es allerdings eher ebenerdig weiter und wir mussten die Toten tragen. Zunächst waren sie ja noch starr und ließen sich gut schultern. Je länger wir allerdings unterwegs waren, desto weicher wurden die leblosen Körper. Sie begannen zu schlackern und mutierten zu einer „lehnen" Last. In aufgetautem Zustand ließen sie sich nicht mehr so kommod tragen, da sie bei jedem Schritt mitwippten.

Die Kollegen, die damals im Einsatz waren, sprachen davon,

dass einer der 5 Wiener Touristen, die unter den Schneemassen begraben waren, noch ziemlich lange gelebt haben musste. Diese Vermutung leiteten sie vom Ausmaß des Loches ab, das sein Atem geschmolzen hatte. Da der Schnee locker und somit luftdurchlässig war, bekam er scheinbar genügend Sauerstoff und lag dadurch mindestens eine Woche lang lebendig begraben in dem weißen Sarg.

Hätte er – wie die anderen - höchstens einen Tag überlebt, wäre nur ein kleines Atemloch entstanden.

Die Suche nach den Vermissten nahm sehr viel Zeit in Anspruch, daher kam auch für den so lange durchhaltenden Touristen, die Rettung bedauerlicherweise zu spät.

Man kann sich überhaupt nicht vorstellen, welche Qualen es bedeuten muss, lebendig begraben zu sein und das noch über mehrere Tage hinweg.

Nun komme ich zu einem tragischen Unglück, das sich auf dem Lasnitzenweg ereignete. Ein einheimischer Bauer machte sich mit mehreren Heuziehern auf den Weg, um von der Lasnitzenalm einige Fuder Heu nach Hause zu ziehen. Sein damals ca. 20jähriger Sohn war ebenfalls dabei, der auf seinem Schlitten ein kleines Restbündel, das man „Braut" oder „Bräutle" nennt, geladen hatte. Eine normale Fuhre ist knapp 2 m hoch und wiegt in etwa 250 kg.

Im Dialekt nennt man das Gestell, auf dem das Heu gezogen wurde, „Schloafe". Dabei handelt es sich um zwei ausgehöhlte Baumstämme, an denen Kufen befestigt waren. Das speziell für die „Schloafe" auf besondere Art zusammengefasste Heu gleicht einem wahres Kunstwerk. Es benötigt eine ganz eigene Technik, damit das Heu beim Transport nicht verloren geht.

Auf einem eisigen Wegabschnitt ereignete sich dann die

Tragödie. Die beladene Schloafe rutschte über den Abgrund hinaus und riss den Bauer mit. Sein Sohn wollte ihn noch halten, konnte ihn jedoch glücklicherweise nicht mehr erwischen, sonst wäre auch er in die Tiefe gerissen worden.

Der Lasnitzenweg war seinerzeit noch sehr schmal und holprig beschaffen. An der Absturzstelle stand an der Bergseite sogar ein Pickel, mit dem das zu Eis gefrorene Wasser, das als Rinnsal über den Weg floss, immer wieder aufgehackt werden konnte. Diese Maßnahme sollte gewährleisten, dass wenigstens eine Kufe des Heuschlittens in der aufgerauten Rinne fährt und somit nicht wegrutscht. Doch als der Landwirt jene Stelle passierte, war wohl bereits wieder alles zugeeist, seine „Schloafe" kam ins Rutschen und riss ihn über den Abgrund hinweg mit in die Tiefe.

Nachdem der Mann abgestürzt war, stieg der junge Bauernbursche schnellen Fußes das steile Stück hinunter, um seinem Vater zu Hilfe zu eilen.

Die anderen ca. 6 oder 7 Heuzieher, die den beiden schon ein ganzes Stück vorausgegangen und daher bereits beim „Lum" angekommen waren, vernahmen die lauten Schreie des Verunglückten und liefen daraufhin in Windeseile wieder zurück.

Der Verunglückte schlug nach seinem Sturz von ca. 70 m bis 80 m mit der Bauchseite auf einem spitzen Felsabschnitt auf. Seine Wehklagen, die durch Mark und Bein gingen, dauerten über eine Stunde an, bevor sie verstummten und er seinen schweren inneren Verletzungen erlag.

Zwischenzeitlich waren meine Bergrettungskameraden und ich am Unglücksort eingetroffen. Bei den Almhütten der Lasnitzenalm (1900 m) hatten die Heuzieher eine Axt aufgetrieben, damit zwei Baumstämme gefällt und zu einer Trage verschnürt werden konnten, um den leblosen Menschen abzutransportieren. Dabei handelte es sich um ca. 3 m lange Lärchenstämme.

Die Bergung verlief ziemlich schwierig, da wir erst übers Tal hinein in die Schlucht und dann über blankes Eis wieder hinaufsteigen mussten. Dabei war die provisorische Trage schwerer als der leblose Körper selbst, der darauf lag.

Ein Bruder des Bauern sowie der alarmierte Arzt warteten bereits bei der Alm auf uns.

Jener Winter war ziemlich schneearm und nachdem wir den Toten über steiles, eisiges Gelände hinaufgeschleppt hatten, nahm der Doktor einen großen Flachmann aus seiner Tasche und sagte zu uns: „Trinkt mol an Schnaps Manda, um euch a bissl zu stärken!"

Bevor die Truppe loszog, das Heu einzubringen, sagten die anderen Heuzieher zum verunglückten Bauern noch, er solle doch besser zuhause bleiben. Das wollte er allerdings nicht, denn er hatte Sorge, dass denen, die für ihn das Heu nach Hause holten, etwas zustoßen könnte, da er um den eisigen Weg, den es zu nutzen galt, wusste.

Für meine Kollegen und mich war die schlimmste Aufgabe, den Toten nach Hause zu bringen, das ist immer „deppert".

Noch dazu in einem kleinen Bergdorf, in dem jeder jeden kennt.

Nachfolgend möchte ich einen der schwersten Lawinenabgänge ansprechen, die unser Dorf je erlebt hat.

Im Winter 1951 gab es die größte Schneemenge, an die ich mich erinnern kann. In kürzester Zeit fielen sage und schreibe 15 m Schnee vom Himmel. Die weißen Massen ragten teilweise über die Wohnhäuser hinaus, sodass wir Tunnel von Haus zu Haus graben mussten. Seinerzeit stand mein Elternhaus noch alleine auf weiter Flur.

Auf den Dächern lag so viel Schnee, dass diese 2 – 3 x abgeschöpft werden mussten, damit das Gewicht den Dachstuhl nicht wie ein Streichholz abgeknickt hätte. Der durch die

Abschöpfungen entstandene Schneehaufen war dann – wie schon gesagt - höher als das Haus selbst.

Wir hatten auch kein Wasser, denn es gab nur Holzleitungen und die konnte man unter solchen Ausnahmebedingungen nicht unter Druck setzen.

Es schneite mitunter mehrere Tage ununterbrochen. Das war eine ziemlich unheimliche Situation. Vor allem die Stille hatte etwas gespenstisches, denn der Schnee schluckt alle Geräusche.

Die zuvor erwähnte Lawine ging an einem Vormittag von der Kreuzspitze (3155 m) ab und erstreckte sich über die komplette Hangbreite. Jener Schneetsunami war so gewaltig, dass er bis in den obersten Bereich des Dorfes rutschte. Obwohl Mitglieder der Lawinenkomission bereits am Abend zuvor gefährdete Bewohner aufgesucht und sie eindringlich gebeten hatten, ihre Häuser zu verlassen, um im unteren Ortsteil Zuflucht zu suchen, zeigten sich manche von der Warnung relativ unbeeindruckt.

So trank der Bäckermeister mit seinem Kumpel lieber die ganze Nacht Schnaps, anstatt dass sich die Beiden in Sicherheit gebracht hätten.

Als um 9.15 Uhr durch Sirenenalarm signalisiert wurde, dass eine Lawine ins Dorf gerauscht war, befand ich mich – wie die meisten Ortsansässigen – gerade in der Kirche. Damals gehörte es zur Pflicht, den sonntäglichen Gottesdienst zu besuchen.

So schnell mich meine Füße trugen, eilte ich nach Hause und lief, mit einer Schaufel bewaffnet, durch den Ort. Immer mehr Helfer rannten herbei, um Verschütteten das Leben zu retten. Beim Bäckermeister, der ja mit seinem Kamerad eine feuchtfröhliche Nacht verbrachte, waren die gewaltigen Schneemassen durchs Fenster eingedrungen und hatten die beiden Saufkumpanen an die Wand gedrückt, sodass nur noch ihre Köpfe herausschauten. Sie klebten regelrecht an der

Zimmerwand und stießen panische Schreie aus. Alleine hätten sie sich aus ihrer prekären Lage niemals befreien können, denn die weißen Massen waren hart wie Beton. Nachdem wir sie ausgeschaufelt hatten, konnten die Trunkenbolde glücklicherweise unverletzt, wenn auch sichtlich geschockt, das Katastrophengebiet verlassen.

Tja, das kommt davon, wenn man entsprechende Warnungen nicht ernst nimmt.

Unser altes Haus, das wir seinerzeit noch bewohnten, verwandelte sich kurzerhand in ein regelrechtes Notlager. An die 50 Leute waren nach Einbruch der Lawine bei uns untergebracht. Jedes Zimmer, der Stadl und sogar der Stall dienten als Unterkunft für jene Dorfbewohner, deren Behausung von der Naturgewalt in Beschlag genommen wurde.

Dennoch sah es auf den ersten Blick schlimmer aus, als es im Endeffekt war. Glücklicherweise hielt sich der Sachschaden in Grenzen, da der Schnee weitestgehend an den Häusern vorbeigeschleudert wurde. Dennoch galt es, mehrere Verschüttete auszugraben oder an die Wand gedrückte Personen aus deren hilflosen Lage zu befreien.

Während des ganzen Tages schneite es ununterbrochen weiter. Am frühen Abend, so gegen 18.00 Uhr, ertönte erneut die Sirene. Kurz darauf wurde die unheimliche Stille durch ein gewaltiges Dröhnen unterbrochen. Das konnte nur bedeuten, dass sich die nächste Lawine ihren Weg ins Dorf bahnte. Sie walzte diesmal über den Timmelbach talwärts, dort wo inzwischen eine Verbauungsmauer errichtet wurde.

Dieser Schneestrom war derart in Fahrt, dass er alles mitnahm, was sich ihm in den Weg stellte und erst am Ufer der Isel versiegte.

Wieder liefen mein inzwischen längst verstorbener Firmpate und ich mit Schaufeln bewaffnet ins Dorf hinauf, um sofortige Hilfe leisten zu können. Beim Haus, in dem der jetzige Postbote wohnt, erwartete uns ein Bild der Verwüstung. Als die

Lawine herannahte, stand das Vieh des Bauern gerade außerhalb des Stalles an der Wassertränke. Die Kühe hatten keine Chance zu entkommen und wurden von den Schneemassen einfach mitgerissen. Selbst das Futterhaus blieb von der Naturgewalt nicht verschont. Der Schnee durchschlug die komplette Scheune und staubte dabei nur knapp an einem ca. 5 m breiten Heustock vorbei.

Nach diesem „Angriff" stand die Schupfe allerdings mehr als wackelig da. Im Dorf herrschte aufgeregtes, wildes Geschrei und jemand rief, es müsse schnellstens ein Schaufeltrupp aufs Scheunendach, um den Schnee abzuschöpfen, damit das Futterhaus nicht komplett einstürze.

Während entsprechende Helfer das Dach vom Schnee befreiten, hieß es plötzlich, es donnere bereits die nächste Lawine auf unseren Ort zu. Die Dorfbewohner rannten in ihrer mehr und mehr aufsteigenden Panik kreuz und quer durch die Gassen. Das Unheimlichste an der ganzen Sache war, dass man sich rein nach Gehör orientieren musste, da man aufgrund des starken Schneefalls in Verbindung mit dichtem Nebel und der abendlichen Dunkelheit überhaupt nichts erkennen konnte. Nach der erneuten Katastrophenankündigung sprangen die Helfer sofort vom Dach in den Schnee, wo sie sogleich bis zur Brust versanken. Da sie von alleine nicht mehr herausgekommen wären, schaufelten wir sie in Windeseile frei und liefen um unser Leben, bevor der dritte Schneetsunami das Dorf erreichte.

Heute kann man sich eine solch dramatische Szenerie vielleicht gar nicht mehr vorstellen, doch es herrschte panischer Ausnahmezustand bei allen Dorfbewohnern.

Während jeder einzelne nur darauf bedacht war, sich vor dem weißen Tod in Sicherheit zu bringen, versuchte eine Frau direkt in der Gefahrenzone sich einen Weg zur Antoniuskapelle zu bahnen, um darin Zuflucht zu finden. Ihr Haus stand oberhalb des Timmelbachs und sie war wohl fatalerweise der

Annahme, in dem kleinen Gotteshaus von den Schneemassen verschont zu bleiben. Die Lawine verschluckte das Gebetshäuschen jedoch erbarmungslos in wenigen Sekunden.

Nachdem auch diese Schneemassen zum Erliegen gekommen waren, lief ich gemeinsam mit meinem Firmpaten hinauf zu der von uns vermuteten Stelle, an der die Kapelle kurz zuvor noch gestanden hatte. Zu sehen war von dem Gebäude allerdings nichts mehr und besagte Frau musste irgendwo unter den Schneemengen liegen. Schnellen Schrittes kamen weitere 30 Leute angerannt und jeder von ihnen schaufelte, was die Kräfte hergaben. Der eine da, der andere dort und so kam es, dass sie sich die ausgeschaufelten Löcher gegenseitig wieder zuschaufelten. Ich hingegen versuchte, mich so punktgenau wie möglich daran zu orientieren, wo das Kirchlein platziert war und begann in dem von mir vermuteten Bereich den Schnee wegzuschöpfen. Tatsächlich stieß ich nach gewisser Zeit auf ein eigenartiges Weichteil. Also schaufelte ich weiter und stieß mit dem Grabgerät hinunter. Als ich die Schaufel wieder hochzog, klebte Blut daran. Nachdem ich das Loch noch tiefer ausgehöhlt hatte, erkannte ich einen menschlichen Körper. Sofort signalisierte ich den anderen, die sich ihre Löcher gegenseitig wieder zuschippten, dass ich die verschüttete Frau gefunden hatte. Mensch, sind die Anverwandten und Helfer plötzlich dahergestürmt. Vor diesem Menschenauflauf flüchtete ich geschwind, denn ich dachte mir, die machen mich in ihrem Übereifer, die Frau lebend zu bergen, ja kaputt. Bedauerlicherweise war sie bereits tot, bevor ich sie geortet hatte.

Auch wenn man es bei einem sportlichen wie bestens konditionierten Bergführer, wie ich es stets gewesen bin, vielleicht nicht vermuten würde, war ich für geraume Zeit sehr starker Raucher.

Im Vergleich zur heutigen Jugend begann ich mit ca. 25 Jahren relativ spät damit, täglich ca. 60 Zigaretten in Rauch aufgehen zu lassen.

Selbst bei Bergtouren waren die Glimmstengel meine ständigen Begleiter. Und jedes mal, wenn ich meinem inzwischen leider schon verstorbenen Kollegen auf der Pragerhütte begegnete, fragten wir gegenseitig unseren Zigarettenkonsum ab. Er rauchte allein beim Aufstieg 5 Packungen und ehrlich gesagt, stand ich ihm in nichts nach! Natürlich gibt diese Tatsache keinen Anlass zum Prahlen. Doch es war nunmal so, dass ich ununterbrochen geraucht habe, auch in Begleitung von Touristengruppen.

Waren interessante Zeitgenossen unter ihnen, bereitete es mir Freude, mich mit ihnen zu unterhalten und ein wenig Diskurs zu gemacht.

Handelte es sich jedoch um sture wie unsympathische Personen, zog ich meine Zigaretten einer Konversation vor.

Eine nach der anderen wurde angezündet und die Leute staunten nicht schlecht, dass meine Kondition darunter keineswegs zu leiden schien.

Der Alpenkönig des blauen Dunstes war für die Gäste ein blaues Wunder.

Die Raucherei hatte mich weder gestört noch beeinträchtigt. Zumindest bis zu dem Zeitpunkt, als ich mich in den Westalpen auf knapp 5000 m befand.

In dieser Höhe habe ich mir gedacht: „Mensch, da kriegt man ja kaum Luft!".

Ab diesem Moment hörte ich sofort mit dem Rauchen auf und rührte bis heute keine einzige Zigarette mehr an. Nachdem ich meine Entscheidung getroffen hatte, warteten zuhause in der Speisekammer mindesten 100 Zigaretten darauf, mich wieder in Versuchung führen zu können. Selbst in allen Jackentaschen lauerte eine ganze Armee von Glimmstengeln auf mich. Doch selbst das Wissen um die noch vorhandenen Zigaretten konnte mich nicht mehr dazu verleiten, auch nur eine davon anzuzünden.

Viel schwieriger war es für mich, einem Raucher gegenüber standhaft zu bleiben, der mir in geselliger Runde eine Zigarette anbot. Diese Art der Verlockung widerstand ich ein ganzes Jahr lang nur sehr schwer, aber erfolgreich. Irgendwann begriff mein Umfeld, dass ich es ernst meinte und man bot mir keinen Glimmstengel mehr an.

Meiner Meinung nach ist es völliger Schmarrn, zwecks Raucherentwöhnung in eine Klinik zu gehen oder Pillen zu schlucken.

Eine Sucht bekommt man nämlich nur dann in den Griff, wenn der Kopf es zulässt. Solange man nicht willens ist, hört man auch nicht auf.

Mir gelang es ziemlich gut, ohne Nebenwirkungen dem blauen Dunst gegenüber abzudanken. Ich schätze mich überaus glücklich, nach 10-jährigem Kettenraucherdasein nun seit knapp 50 Jahren nichtrauchend durchs Leben zu gehen.

Großvenedigergipfelgrat im Jahr 1958 (3674 m)
(Bildmaterial: Alois Berger)

60er Jahre

Defreggerhaus (2964 m) im Jahr 1964
(Bildmaterial: Alois Berger)

Spektakulär verlief ein Bergrettungseinsatz auf der Dreiherrenspitze, nachdem 12 Personen abgestürzt waren. Zehn von ihnen hatten mehr oder weniger schwere Verletzungen erlitten und wurden von Hubschraubern ins Krankenhaus geflogen. Zwei der Gruppe überlebten den Absturz allerdings nicht. Es herrschte ziemlich schlechtes Wetter und wir mussten die Leichen übers Reggentörl hinunter zur Essener-Rostocker-Hütte und weiter über das Maurertal bringen. Zunächst zogen wir die Toten bis zum Reggentörl hinter uns her, um sie sodann über teilweise sehr steiles Gelände abzuseilen. Als das Terrain dann wieder flacher verlief, schlug ich meinem Kollegen vor, die beiden Leichen, die wir auf Skier geschnallt hatten, vom Seil zu lösen und nach Beendigung ihrer „Freifahrt" weiter unten wieder einzusammeln.

Es war bereits Nacht geworden und auf den Skiern rutschten sie problemlos ohne unser Zutun über den Hang.

Kaum waren die Toten vom Seil gelöst, sausten sie über den Schnee bis zu einer Felswand, an der sie in die Tiefe stürzten.

Sie fielen in eine Neuschneeschicht von mindestens 10 m und wir benötigten ca. 2 Stunden, um sie wieder auszugraben.

Diese unsinnige Aktion hatte uns bei dem eh schon schwierigen Einsatz gerade noch gefehlt.

Im Nachhinein ist man ja bekanntlich meistens schlauer. Hätten wir die tödlich Verunglückten vorschriftsmäßig am Seil belassen, anstatt sie ein Stück des Weges alleine loszuschicken, wären wir der Steilwand rechtzeitig ausgewichen.

Statt Zeitersparnis erfuhren wir einen ziemlichen Zeitverlust gepaart mit extremer körperlicher Anstrengung.

Damit fand das Bergungsdrama allerdings noch nicht sein Ende.

Mein Kollege und ich mussten samt der beiden Leichen nämlich um Mitternacht mit dem Lastenaufzug noch von der

Essener-Rostocker-Hütte abfahren. Zu allem Übel bedeutete die Talfahrt in dem Holzkistchen bei starkem Schneefall in Begleitung eines Gewitters alles andere als ein Vergnügen. Auf den über die Aufzugstützen quer gespannten Seilen brannte aufgrund der Elektrizität ein Feuer, sodass man beim Passieren eines solchen Pfeilers den Eindruck bekam, durch ein Flammentor zu fahren. Das komplette Querseil sah ebenfalls aus, als ob es brennen würde. Das Aufsteigen der Elektrizität zu den mit Blitzen geladenen Wolken wird im übrigen Elmsfeuer genannt. Die Abfahrt glich einem Höllentrip, denn um uns herum schallte Donnerkrachen, während wir, bedingt durch den starken Schneefall, bereits nach kurzer Zeit völlig durchnässt in dem ratternden Holzverschlag saßen.

In unregelmäßigen Abständen fielen von den Aufzugseilen auch noch größere Schneeansammlungen auf uns nieder, sodass mein Kollege und ich erst recht aussahen wie begossene Pudel, die mitten in der Nacht zwei Leichen transportierend, in einem Lastenaufzug durch Feuerbrünste gen Tal holperten. Als wir endlich bei der Talstation ankamen, hatten wir eher das Gefühl einer Badewanne anstatt einem Lastenaufzug entstiegen zu sein. Und der Clou dieser chaotischen Bergungsaktion war, dass niemand auf uns wartete, um die Leichen ins Dorf zu führen.

Da standen wir dann tatsächlich im wahrsten Sinne des Wortes wie begossene Pudel in der Dunkelheit.

Nass bis auf die Knochen warteten mein Kollege und ich geschlagene zwei Stunden, bis endlich der damalige Wirt der Essener-Rostocker-Hütte angefahren kam und die Leichen nach Prägraten zur Totenkammer transportierte. Diese befand sich zu jener Zeit noch bei der Lourdeskapelle und am ehesten mit einer Besenkammer zu vergleichen. Dabei spielte es keine Rolle, ob es sich um Einheimische handelte oder Touristen, die auf dem Berg ihr Leben ließen.

Der einzige Unterschied bestand darin, dass für verstorbene

Dorfbewohner die kleine Kirchenglocke geläutet wurde.

Dazu möchte ich anmerken, dass ich bis heute nicht verstehe, wieso die Glocke nicht auch bei Fremden geläutet wird, die in unseren Bergen tödlich verunglücken. Mein Unverständnis darüber brachte ich bei unserem bis vor kurzem amtierenden polnischen Pfarrer zur Sprache, der daraufhin zusagte, den Kirchenbeirat diesbezüglich zu befragen.

Geändert hat sich an dem „Brauch" bisher allerdings nichts, da die Sterbeglocke nach wie vor nur dann zum Einsatz kommt, wenn einheimische Dorfbewohner ihre Augen für immer geschlossen haben.

Ein Bergrettungseinsatz hatte gar einen eher dubiosen Hintergrund. Dieser betraf Gäste des Grießerhofs, die sich Mitte März in Prägraten eingefunden hatten.

Es handelte sich um drei Urlauber, ein Ehepaar sowie eine weitere männliche Person, die eines Vormittags von der Grießeralm auf direktem Weg zur Nilljochhütte aufbrachen. Obwohl die von den Gästen angepeilte Hütte bereits zu sehen war, verließen sie den Pfad und stiegen stattdessen aus unerfindlichen Gründen den unwegsamen Wiesenhang hinauf. Warum die 3er Gruppe sich sich dazu entschloss, über den begrünten Hang auch wieder abzusteigen, entzieht sich allerdings meiner Kenntnis.

Ein falscher Schritt genügte und das Ehepaar rutschte aus. Seinerzeit befanden sich unterhalb des offiziellen Weges zur Nilljochhütte noch weitaus weniger Bäume als heute, die als Bremsklötze hätten fungieren können. Mangels Baumbestand stürzten beide ungebremst auf den Abhang zu. Während es der Frau jedoch gelang, sich an einem kleineren Gewächs, das ihre Rutschbahn kreuzte, festzuhalten, stürzte der Mann in den Abgrund.

Kurz darauf wurden wir von der Bergrettung alarmiert, um seine kläglichen Überreste zu bergen. Dass der Tourist an jener steilen, felsigen Unglücksstelle keinerlei Überlebenschance haben würde, war jedem von uns bereits beim Aufstieg klar.

Unter den Bergungskollegen befanden sich einige ältere Semester, die sogar die Kriegszeit aktiv miterlebt hatten und traumatisierende Geschehnisse in Erinnerung behielten. Nur so lässt sich für mich erklären, dass eben gerade diese 5 bis 6 Männer unserer Einsatztruppe sich vehement weigerten, an die Aufschlagstelle des Verunglückten zu gehen. Ihre Begründung: „Also da gehen wir nicht hin zu dem Mann, der schaut ja furchtbar aus!" beantwortete ich lediglich mit einem unverständlichen Kopfschütteln.

Da erzählen solche Kriegsveteranen immer wieder von den schlimmen Erlebnissen, sehen sich jedoch außerstande, einen Toten aus dem Fels zu holen, der nicht mehr in einem Stück vorzufinden war. Also ging ein jüngerer Kollege mit mir zu dem Leichnam. Wir sammelten dessen wenige Überreste ein und steckten diese in einen mitgeführten Plastiksack. Als ich den Kopf aufhob, war der nicht hart, sondern fiel in sich zusammen, wie ein Ballon, dem die Luft entweicht. Das klingt nicht nur gruselig, das war es auch!

Nachdem wir alle definierbaren Körperteile in den Sack gepackt und sorgsam verschnürt hatten, stiegen wir nach Bobojach ab.

Das merkwürdige an dem rätselhaften Unglücksverlauf kam erst noch.

Während wir mit der Bergung beschäftigt waren, liefen die Witwe und deren Begleiter zum Grießerhof hinunter, um von dem tödlichen Absturz zu berichten.

Als mein Kollege und ich mitsamt der Leichenteile ebenfalls dort ankamen, eröffneten uns die „Grießerhofweiberleit", dass der tödlich Verunglückte nach Aussage seiner Ehefrau sehr viel Geld bei sich trug. Sie baten uns allen Ernstes, nochmals nachzuschauen.

Mein Kollege und ich waren über diese irrwitzige Bitte erst mal sprachlos. Etwas später ergriff ich das Wort: „Wir packen da jetzt nichts mehr auf, denn der Leichnam ist sehr gut verschnürt, damit keine Überreste verloren gehen können. Morgen kommt eh der Doktor in die Leichenkapelle, um den Totenschein auszustellen. Dann kann nach dem Geld schauen wer will."

Da bei jedem Unglück – so auch in diesem Fall - die Polizei verständigt wird, die natürlich auch von der Geldgeschichte Wind bekam, musste ich am nächsten Tag in Begleitung zweier Gendarmeriebeamter und einem Bergrettungskollegen nochmals hinaufsteigen in die steilen, kahlen Felsen zu der Stelle, an der wir den Mann bzw. seine Einzelteile eingesammelt hatten. Tatsächlich fanden wir neben zwei Fotoapparaten und einem Fernglas jede Menge Geldscheine, aber auch noch weitere Teile des Toten. Die erneute Suche fand an einem sehr warmen Märztag statt und die Sonne schien in den Hang. Dadurch verbreiteten auftauchende Darmstücke und Gehirnfetzen einen entsetzlichen Gestank.

Ich schildere dies nicht etwa so detailliert, um bei den Lesern Ekel hervorzurufen, sondern um zu verdeutlichen, dass auch solch grässliche Bergungen zur knallharte Realität eines aktiven Bergrettungsmitglieds gehören. Jeder von uns agiert ehrenamtlich und riskiert bei jedem Einsatz sein eigenes Leben, um bestenfalls fremdes Leben zu retten!

Der Wert aller Scheine, die dort herumlagen, belief sich auf ca. 70.000 Schilling. Die eine Hälfte bestand aus Schillingnoten, die andere aus D-Mark-Scheinen. Warum der Mensch so viel Geld auf einer Wanderung bei sich trug, weiß der Himmel. Mein Kollege und ich konnten von Glück reden, dass wir das Geld im Beisein der Gesetzeshüter fanden. Wäre die Suche erfolglos verlaufen, hätte man uns womöglich als Diebe bezichtigt und eingesperrt.

Das könnte einem noch blühen, wenn man ehrlich und gewissenhaft seiner Berufung folgt.

Obwohl sich diese Tragödie bereits vor Jahrzehnten ereignete und der Fall nicht weiter verfolgt wurde, erscheint er mir bis heute sehr dubios und ich persönlich hege nach wie vor den Verdacht, dass der Mann von seiner Gemahlin absichtlich in den Tod gerissen worden.

Nicht nur der Wind fegt beim Venediger über die Gletscher, sondern auch dicke Nebelschwaden halten sich gerne in dieser Region auf.

Eines Tages stieg ich mit unterschiedlichen Gruppen zweimal zum Venedigergipfel auf. Bereits beim ersten Aufstieg begleitete uns schlechtes Wetter. Trotz ungemütlicher Witterungsverhältnisse und miserabler Sicht zog ich die Tour mit meinen Gästen durch.

Als ich mit den Leuten zurück zum Defreggerhaus kam, standen dort bereits die nächsten Gäste parat und baten um eine Führung auf den zweithöchsten Alpenberg. Statt einer Antwort dachte ich mir im Stillen: „Ja, was ist denn heute nur los, dass alle zum Venediger wollen, obwohl man bei diesem Mistwetter überhaupt nichts sieht."

Da die Truppe keine Ruhe gab, bat und bettelte, stieg ich auch mit der zweiten Seilschaft, die - wie meist - aus 10 Leuten bestand, auf den Venediger.

Nachdem ich auch diese Tour erfolgreich absolviert hatte, stand bei der Defreggerhütte noch eine weitere Gruppe, die ebenfalls zum Gipfel wollte.

Ehrlich gesagt, verstand ich die Welt nicht mehr. Es machte geradezu den Anschein, als ob die Touristen befürchteten, der Berg würde am nächsten Tag für immer verschwinden.

Ich gab zu bedenken: „Leute, da oben geht so ein gewaltiger

Sturm, wir kommen nicht mehr hoch." Diese unwissenden, egoistischen Ignoranten glaubten mir jedoch kein Wort.

Damit endlich Ruhe war, marschierte ich an jenem Tag also zum 3. Mal los.

Als ich mit meiner Seilschaft beim Rainertörl angekommen war, dachte ich bei mir: „Zum Venediger gehe ich bei diesem wilden Sturm ganz sicher nicht mehr!"

Wir konnten da oben kaum standfest bleiben, so sehr blies der Wind. Im Gegensatz zu einigen meiner Begleiter hatte ich ja wenigstens zwei Skistöcke, auf die ich mich stützen konnte. Statt den Venediger anzupeilen, schlug ich die Ausweichroute zum Rainerhorn (3662 m) ein. Der Weg führt entlang einer Kante, an der föhniger Südwind blies. Seine Böen erfassten uns teilweise so stark, dass die 6 oder 7 Mann, die an meinem Seil hingen und keine Skistöcke bei sich trugen, wie Papierdrachen durch die Luft gewirbelt wurden. Es mag zwar unglaublich klingen, doch die hoben tatsächlich ab und flogen ein Stück weit hinaus, blieben dann aber glücklicherweise am Sicherungsseil hängen.

Erst nach ihrem unfreiwilligen Kurzflug sahen die Leute endlich ein, dass der Sturm mächtiger war als wir und uns eine Gipfelbesteigung des Venedigers vereitelte. Ich hatte ja schon die größten Schwierigkeiten, mit der Gruppe überhaupt bis zum Rainerhorn zu gelangen.

Zwei Touristen, die nicht zu der von mir geführten Gruppe gehörten, jedoch ebenfalls den Venedigergipfel zum Ziel hatten, ließen kurz nach Verlassen des Defreggerhauses verlauten, ohne Begleitung eines Bergführers aufsteigen zu wollen, da diese Begehung ja keine große Sache wäre. Das war zur selben Zeit am Nachmittag, als ich mit der 3. Gruppe zum Rainerhorn auswich. Ich habe auf diese kühne Meldung nur geantwortet: „Da werdet ihr aber nicht weit kommen."

Keine halbe Stunde später trauten sich die beiden aufgrund des schlechten Wetters dann doch nicht alleine weiter und fragten mich ziemlich kleinlaut, ob sie sich mir und meiner Gruppe doch noch anschließen dürften. Also habe ich die zwei Helden auch noch angeseilt und mitgenommen.

Bei Touren zum Großglockner oder auch Großvenediger wird seitens der Gäste sehr häufig die Frage gestellt, was passiert, wenn jemand aus der Gruppe in eine Spalte stürzt. Unerfahrene Bergsteiger sind der irrigen Ansicht, bei einer größeren Seilschaft sei die Gefahr höher, dass alle anderen mit in die Spalte gerissen werden.

Dabei ist genau das Gegenteil der Fall. Je mehr Leute an einem Seil hängen, desto sicherer ist man, weil dann logischerweise mehr Kräfte zur Verfügung stehen, einen Gestürzten abzufangen, als wenn man alleine dagegenhalten muss.

Nehmen wir an, es handelt sich - was eher selten der Fall ist - um eine zarte weibliche Person, die unfreiwillig eine Gletscherspalte von innen zu Gesicht bekommt. In einem solchen Fall wäre es für mich kein Problem, dieses Persönchen allein zu halten. Sollte es hingegen passieren – was durchaus vorkommen kann – dass ich in die Spalte stürze, hätte eine zierliche Frau nicht mal den Hauch einer Chance, meinen Sturz abzufangen. Vielmehr würde mein Gewicht diese mit in die Tiefe reißen.

Dazu fällt mir noch eine weitere Geschichte ein.

Der Venediger verläuft auf den letzten 20 m äußerst schmal. Wie so oft überquerte ich mit einer Seilschaften den Grat hinüber zum Gipfelkreuz. Also schritt ich voraus und ca. 10 Leute folgten mir angeseilt im Gänsemarsch. Aufgrund dichten Nebels konnten wir so gut wie nichts sehen. Dazu sei gesagt, dass meine Venedigerbesteigungen zu 80% nicht bei Schönwetter, sondern eher dann stattfanden, wenn die Sicht gleich Null war. Man kann ja am Fuße des Berges nicht abschätzen, wie sich das Wetter in Gipfelnähe verhält. Allerdings kam es auch häufiger vor, dass man während des Aufstiegs durch dichten Nebel stapfte und am Gipfel dafür mit wolkenlosem Himmel belohnt wurde.

Zurück zu der Gratwanderung mit meiner Gruppe.

Also ich bin, wie gesagt, vorausmarschiert und alle anderen hinter mir her. Plötzlich rief jemand in voller Aufregung: „Einer ist abgestürzt."

Darauf hab ich unbeeindruckt zurückgerufen: „Ja, solange ich noch da stehe, ist mir wurscht, wenn andere abstürzen!"

Auf der Nordseite des Venedigers geht es sehr steil in eine Senkrechte ab. Der Gestürzte hatte auch noch ein oder zwei weitere Teilnehmer der Truppe mitgerissen, was – zumindest bei mir – allerdings keine Panik auslöste. Der Neuschnee war nämlich so tief, dass die Ausrutscher darin gleich mal steckenblieben. Deshalb habe ich mir auch die dreist wirkende Antwort erlaubt: „Ja wenn ich noch da stehe, ist es mir wurscht!"

Solche Begebenheiten sind in der Tat vorgekommen und wenn man daran zurückdenkt, hat man auch leicht lachen.

An Ort und Stelle waren die Situationen oftmals nicht so witzig, vor allem nicht für die Betroffenen, denen bei einem Sturz die aufsteigende Panik verständlicherweise einen ordentlichen Adrinalinschub bescherte.

Wenn man quasi blind an einem Seil im Nebel herumtappt und der Sturm einen plötzlich vom schmalen Grat ins Nichts fegt, fährt einem schon ein gewaltiger Schrecken in die Glieder. Hätte der Schnee die Leute nicht sofort gestoppt und die Unglücksraben wären weiter in die steile Senkrechte hinuntergerutscht, wäre ich sehr wohl ins Schwitzen gekommen.

Ich erklärte all meinen Seilschaften, die ich zum Venedigergipfel führte, wie man sich beim Überqueren eines schmalen Grates am geschicktesten verhält, sollte einer der Truppe ausrutschen. Stürzt die Person nach Norden ab, springt man sogleich in südliche Richtung und umgekehrt. Dadurch kann man den Gestürzten leicht halten.

Diese einleuchtende Aufklärung wurde seitens der Gäste auch dankbar angenommen.

Wir fällt gerade wieder eine etwas makabre Anekode ein, die schnell erzählt ist und daher möchte ich sie dem Leser nicht vorenthalten.

Der nachfolgende Vorfall ereignete sich in meiner Funktion als Bergretter. Der Einsatz erfolgte, um eine verstorbene Touristin vom Defereggerhaus abzuholen. Diese war an einem plötzlichen Herzinfarkt oder so was in der Art gestorben. An die genaue Todesursache kann ich mich nicht mehr erinnern. Meine Kollegen und ich stiegen zur Hütte auf und brachten den Leichnam ins Tal.

Obwohl die Dame aus Wien stammte, sollte sie in unserem Dorf beigesetzt werden. Den Grund für diese ungewöhnliche Handhabung weiß ich leider auch nicht mehr.

Die Frau verbrachte ihren Urlaub alleine hier und wahrscheinlich hatte sie keine Angehörigen.

Sofern bei einem Todesfall keine Verwandten oder sonstige Bezugspersonen zur Verfügung stehen, übernehmen auch schon mal Mitglieder der Bergrettung das Amt des Totengräbers. In diesem Fall nahm ich mich der Sache an grub und an der rechten äußeren Ecke des Dorffriedhofs ein entsprechendes Loch für den Sarg. Entlang der Mauer beließ ich einen schmalen Rand, der mir bei der Sargeinlassung einen sicheren Stand gewährleisten sollte.

Obwohl die Verstorbene keine Einheimische und ohne Anhang war, nahmen sehr viele Leute Abschied von der Fremden.

Drei meiner Kollegen und ich wollten in unserer Funktion als Sargträger den Holzkasten so würdevoll als möglich in das von mir dafür ausgehobene Loch gleiten lassen. Doch als ich mich auf dem Seitenstreifen in Position stellte, gab das Erdreich plötzlich nach und ich fiel noch vor dem Sarg ins Grab.

Zuvor schürfte ich mir meine Hände bei dem gescheiterten Versuch, mich an der Steinmauer festzuhalten, auf.

Sowohl der Pfarrer als auch die Ministranten und nicht zuletzt sämtliche Anwesenden schauten mir bei meinen unfreiwillig komischen Kapriolen fassungslos zu und dachten wohl: „Was macht der denn da jetzt?"

Der Peinlichkeit nicht genug, krachte mir der Sarg dann auch noch auf die Schulter.

Ja, ich war leider schneller als die Holzkiste und befand mich somit vor ihr in der Grube.

Na habe die Ehre, war das eine bizarre Szenerie. Diese Schmach werde ich genauso wenig vergessen wie die entsetzten Gesichter der Leute.

Es kommt ja auch nicht alle Tage vor, dass der Totengräber selbst ins Grab fällt.

Im Großen und Ganzen war ich all die Jahrzehnte meiner Bergführertätigkeit gerne mit den Touristen im Gebirge unterwegs. Doch es gab vereinzelte Miesepeter unter ihnen, bei denen ich nicht verhindern konnte, dass sarkastische Äußerungen über meine Lippen kamen.

Als Beispiel dafür dient die nächste kurze Episode, die sich bei einer Venedigerführung abspielte.

Einen Tag vor besagter Besteigung war ich bei wolkenlosem Himmel und entsprechender Traumsicht bereits mit einer anderen Gruppe zum Gipfel aufgestiegen. Es war in der Tat eine Traumkulisse, die sich uns bot. Bei besten Wetterverhältnissen reicht der Ausblick bis zur Bernina (4049 m), einem Schweizer Berg, der ca. 280 km Luftlinie entfernt liegt.

Dieses Glück hatte die Gruppe, von der ich hier erzähle, nicht mehr, denn das Wetter war an jenem Tag nicht ganz so ungetrübt. Die Teilnehmer der Seilschaft zeigten sich entsprechend enttäuscht, da die Fernsicht nicht so hervorragend war, wie es die Gruppe vom Vortag geschildert hatte. Einer der Gäste sagte dann: „Gestern muss man ja unglaublich weit gesehen haben bei dem wundervollen Wetter. Darauf erwiderte ich belustigt: „Heute sieht man auch gut, aber eben nicht bis nach Amerika, da die Bäume in Spanien über Nacht höher gewachsen sind.“

Das beste an meinem Schmäh war, dass die Leute diesen Blödsinn auch noch geglaubt haben.

Dabei war der „Witz“ lediglich meine sarkastische Reaktion auf die Bemerkung des Mannes, man würde weniger sehen als am Vortag.

Ein Bergführer ist für die Sicherheit seiner Gruppe und nicht etwa für das Wetter verantwortlich.

Wir sind keine Propheten und können daher auch nicht voraussagen, welche Witterungsbedingungen an welchen Tagen auf dem Venediger oder sonst einem Gipfel herrschen. Es ist auch für uns einheimische, versierte Bergsteiger stets eine Überraschung, ob man sehr weit oder weniger weit sieht, ob es neblig ist oder gar schneit, ob es stürmt oder die Sonne scheint.

Keine Überraschung hingegen ist die Tatsache, dass aufgrund kontinuierlicher Schnee- und Gletscherschmelze die Höhe der sogenannten Schneeberge abnimmt. Vor rund 30 Jahren wurden dem Großvenediger beachtliche 3674 m bescheinigt, nach neuesten Messungen beläuft sich die Höhe auf nur noch 3657 m. Während der Wintermonate sorgen entsprechende Schneemengen für ein paar Meter Zuwachs, die meist jedoch im Sommer wieder dahinschmelzen.

Mit Wetterkapriolen muss man im Gebirge immer und zu jeder Zeit rechnen. Wichtig ist vor allem, nicht in Panik zu geraten und bedacht zu handeln. Vor allem dann, wenn man von einem Gewitter überrascht wird. Blitze trafen mich im Laufe meiner Tätigkeit als Bergführer mehrfach.

Einmal passierte es beim Abstieg der Dreiherrenspitze mit lediglich 3 Gästen im Schlepptau. Wir stiegen gerade über einen Felsgrat ab, als ein Blitz in unmittelbarer Nähe einschlug. Daraufhin stürzte ich mit der kompletten Seilschaft ab. Es ging mit uns ca. 150 m steil hinunter bevor eine Verflachung kommt, auf der wir glücklicherweise liegenblieben. Aufgrund eines Blitzschlags abzustürzen, ist wahrlich kein angenehmes Gefühl. Gott sei dank kamen wir alle unverletzt mit dem Schrecken davon. Nachdem der Unwetterspuk vorbei war, konnten wir unseren Abstieg unbeschadet fortsetzen.

Bei Gewitter ist es ratsam, am Boden liegenzubleiben, bestenfalls gar in einer Mulde, aus der man nicht herausragt.

Befindet man sich während eines Überraschungsangriffs von Blitz und Donner z. B. auf dem Venediger, hält man sich am besten einige Meter unterhalb des Gipfelkreuzes auf. Dort ist man relativ sicher, denn ein Blitz sucht sich zur Entladung stets die höchste Stelle aus.

Um von einem Einschlag verschont zu bleiben, sollte man daher immer darauf achten, dass sich im nahen Umkreis etwas befindet, das größer ist als man selbst.

Während eines Aufstiegs zum Venediger verharrte ich selbst schon mehrmals mindestens eine Stunde, bis sich eine plötzlich auftauchende Gewitterfront wieder verzogen hatte und stieg erst dann weiter zum Kreuz und über den extrem schmalen wie gefährlichen Grat auf die andere Seite des Venedigers. Sollte jemand so lebensmüde sein, diesen Bergrücken zu überschreiten, während Blitz und Donner sich austoben, wäre dies mit an Sicherheit grenzender Wahrscheinlichkeit seine letzte Bergtour.

Der Venediger gilt zwar in der Regel als unschwer zu besteigender Touristenberg, doch er hat es – speziell bei Schlechtwetter - auch in sich, da man sich mangels guter Sicht sehr leicht verirren kann.

Dazu fällt mir eine amüsante Begebenheit ein, die ich nicht in ein bestimmtes Jahrzehnt einordnen möchte, da sich die Szenerie über einen ziemlich langen Zeitraum ständig wiederholte.

Meine Erzählung handelt von einem Pfarrer, der gebürtig aus dem Defereggental stammte. Dieser war damals so um die 50 Jahre alt und er kam alljährlich während der Sommersaison jeden Samstag mit ca. 8 bis 12 Leuten aufs Defreggerhaus. Wir liefen uns dort des öfteren über den Weg, da auch ich in der warmen Jahreszeit permanent mit diversen Touristengruppen unterwegs war.

Einmal fragte mich der Geistliche, ob er sich mit seinen Leuten meiner Seilschaft anschließen dürfte und ich gab kurz und knapp zur Antwort: „Tu doch, was du willst.“

Doch meistens war er so brezelig (bedeutet: eilig), dass er mit seinen Leuten den Venedigergipfel zeitlich um einiges früher anpeilte als ich.

Zum besseren Verständnis der Geschichte möchte ich an dieser Stelle anmerken, dass der Berg die Eigenheit besitzt, sich in Höhe des Rainertörls, also ab 3400 m bis 3500 m, mit dichtem Nebel zu umhüllen. Dies ist sehr häufig - und bei meinen Besteigungen war es so gut wie immer - der Fall.

Mich persönlich störte das nicht weiter, denn aufgrund meiner x-maligen Begehungen kannte ich die Stelle, an der es erst flach zum Rainertörl und dann steil zum Venediger hinaufgeht, wie meine Westentasche.

Wer sich in diesen Gefilden allerdings nicht wirklich gut auskennt und kaum Erfahrung mit dem Berg und dessen

Eigenheiten sammeln konnte, bleibt nahezu chancenlos, im dichten Nebel auf den Gipfel zu finden. Trittspuren helfen einem da auch nicht weiter, da solche schon beim kleinsten Windhauch sofort verweht werden und in der Nebelwand sieht man quasi überhaupt nichts. Durch zusätzlich herrschendes Schneetreiben erscheint es einem so finster, als wenn man mit geschlossenen Augen geht.

Lässt man sich vom Nebel nicht in die Irre führen, wird man dafür ab einer Höhe von 3600 m belohnt. Meist lichtet sich nämlich der graue Schleier und wolkenloser Himmel zaubert plötzlich ein atemberaubendes Panorama vor unsere Augen. Man kann alles sehen, was man sehen will. Außer Amerika natürlich, da ja die Bäume in Spanien dafür zu hoch gewachsen sind…

Ich erwähnte bereits, dass man bei absolut klarer Sicht den Bernina (4049 m) in der Schweiz erblicken kann.

Dem nicht genug, denn bei wahrlich bester Fernsicht erkennt man mit bloßem Auge sogar München. Ohne Zuhilfenahme eines Fernglases sind die Türme der Frauenkirche sowie das riesige Olympiastadion zu sehen. Bei meinen rund 4000 Besteigungen des Großvenedigers war mir ca. 50 mal der Blick in die bayrische Metropole vergönnt.

Venedig hingegen konnte ich kein einziges Mal erkennen. Das liegt meiner Meinung nach jedoch nicht daran, dass – wie man vermutete – die Dolomiten zu hoch seien, sondern eher an der Dunstglocke, die stets über dem Meer hängt.

Doch zurück zu dem Pfarrer, der meiner Seilschaft und mir während unseres Aufstiegs bereits wieder entgegenkam und seine viel zu schnelle Rückkehr mit den Worten: „Ach, heute lohnt es sich nicht mehr, man sieht ja nix", rechtfertigte.

Diese für mich äußerst amüsante Begebenheit wiederholte sich im Laufe der Jahre an die 100 mal. Eines Tages konnte ich mich nicht mehr zurückhalten und sagte daher zu ihm: „Ja Herr Pfarrer, du lügst ja. Wenn du sagen würdest, du findest

den Venediger nicht, dann wäre das wenigstens ehrlich. Stattdessen sagst du immer, es würde sich heute nicht lohnen."
Auf meine Worte hin fühlte er sich ertappt und gab kleinlaut zu, dass ich mit meiner Vermutung richtig lag.
Nachdem ich ihn entlarvt hatte, schloss er sich mit seiner Truppe hin und wieder einer meiner Führungen an und gelangte dadurch wenigstens auch einige Male sicheren Fußes bis zum Gipfel.
Der sympathische wie interessante Geistliche geriet leider nur einige Jahre später bei einer Skitour, die er meist alleine unternahm, in eine Lawine und kam ums Leben.

Ich erinnere mich an einen Spaltensturz zweier Bergsteiger auf der Venedigerscharte, die es zu bergen galt.
Zu diesem Zweck seilten mich meine Kameraden ungefähr 90 m in die Spalte ab. An dieser bereits sehr tiefen Stelle waren die Eiswände schon so dicht beieinander, dass ich keine Möglichkeit mehr sah, noch weiter hinunterzusteigen, um nach den Verunglückten Ausschau zu halten, die sich um einiges weiter unterhalb von mir befinden mussten.
Denn wenn man in eine Gletscherspalte fällt, wird der Körper während des Sturzes immer schmaler und dadurch fällt man tiefer, als es einem Helfer, der zur Rettung absteigt, je möglich wäre. Eine v-förmige Gletscherspalte verläuft nach unten immer enger und unter normalen Umständen passt ein menschlicher Körper ab einer gewissen Tiefe nicht mehr hindurch.
Also zogen mich die Kollegen unverrichteter Dinge wieder heraus und wir mussten die Leichen im Inneren des Venedigergletschers belassen.
Es mag zwar pietätlos klingen, doch früher oder später werden sie vom Eis regelrecht wieder ausgespuckt. Durch die Gletscherschmelze kommen Verunglückte eines Tages wieder

zum Vorschein, da sie mit der Zeit aus dem Eis herausgespült werden.

In dem Zusammenhang berichte ich von einem Mann, der vor sehr langer Zeit alleine im Hochgebirge unterwegs war, in eine Spalte stürzte und trotz intensiver Suche leider nicht gefunden wurde.

Erst Jahrzehnte später, vielleicht ca. 60 Jahre, lag er dann plötzlich am Rande des Gletschers. Der Leichnam war komplett bekleidet, sogar die Bergschuhe hingen noch an den Fußknochen und alles, was er bei sich trug, war noch vorhanden.

Da er allerdings skelettiert aufgefunden wurde, dürfte er bereits ca. 2 Jahre außerhalb des Eises gelegen haben.

Wie aus seinen Papieren hervorging, stammte der Verunglückte aus Bramberg im Pinzgau und obwohl seine Bergung umgehend gemeldet wurde, reagierte niemand darauf.

So gab es für die arme Seele nicht mal eine anständige Beerdigung. Aufgrund des kompletten Skelettfundes wäre eine solche nämlich ohne weiteres möglich gewesen. Dass von Seiten seiner Angehörigen keine Reaktion kam, verwunderte mich schon sehr. Da es scheinbar weder Familie noch Freunde gab, die den Toten vermissten, verblieben seine Überreste direkt am Fundort. Mit etwas Glück entdeckt man noch heute Knochen des Spaltenopfers aus längst vergangenen Tagen.

Maurerkees in den 60er Jahren
(Bildmaterial: Alois Berger)

70er Jahre

Einstieg am Rainerkees (Bildmaterial: Alois Berger)

Aufgrund eines tragischen Unglücks auf der Dreiherrenspitze (3499 m), das in erster Linie mir zum Verhängnis wurde, verlor ich meinen Glauben an die Kirche. Was ich erleben musste, glich einem Alptraum und war für die katholische Kirche sowie deren Würdenträger einfach nur skandalös. Ich wurde nämlich abgestürzt. Klingt seltsam, ist aber so. Die Tragödie ereignete sich an einem extrem steilen Hang. Auslöser des Unglücks war eine Studentengruppe, die von einem Bischof bei der Essener-Rostocker-Hütte angemeldet wurde. Jener Anmeldebrief existiert noch heute. Ich befand mich mit einem Gast, der mich als Bergführer gebucht hatte, ebenfalls in der Hütte.

Am Vorabend der geplanten Gipfelbesteigung informierte mich einer der damaligen Theologiestudenten, er würde mit seinen Kommilitonen hinter mir hergehen und ich signalisierte durch wortloses Achselzucken, dass mir deren „Verfolgung" gleichgültig war.

Beim Aufstieg zur Dreiherrenspitze stapfte ich durch den Tiefschnee voraus. Mein Begleiter befand sich dicht hinter mir, besagte Gruppe folgte uns in einigem Abstand zum Gipfel und heftete sich auch beim Abstieg wieder an unsere Fersen.

Ich dachte mir noch, na wenn die kindischen Narren in dem stark abschüssigen Gelände nicht vorsichtiger gehen, passiert noch was.

Die jungen Leute der Kirchentruppe fanden es äußerst amüsant, von einem steilen Felsstück etwa 3 m in den darunter liegenden Tiefschnee zu springen. Durch diesen infantilen Leichtsinn brachen sie ein Schneebrett los, das auf meinen Gast und mich zurollte, da wir uns bereits ein gutes Stück unterhalb der Gruppe befanden. Weder mein Begleiter noch ich hatten eine Chance, der herannahenden Gefahr auszuweichen. Eh ich es mir versah, erfassten mich die Schneemassen und ich versuchte mehrmals vergebens, meinen Eispickel im Gelände einzuhaken. Durch den schnellen Zug des Schnees flog ich ca. 30 m durch die Luft. Mein Gast wurde ebenfalls mitgerissen und so kugelten wir beide inmitten der Lawine den Hang hinunter. Das Schneebrett war glücklicherweise nicht so hoch, als dass es uns komplett unter sich begraben hätte. Vielmehr wurden wir eher durch den in Bewegung geratenen Schnee mitgerissen wie auf Rollsplitt. Weiter unten, wo das steile Gelände in flachere Gefilde übergeht, befand sich eine riesige ca. 10 m breite Gletscherspalte. Die größte Menge der rutschenden weißen Masse floss genau in diese Kluft, auf die somit auch mein Gast und ich zusteuerten. Obwohl mir nichts anderes übrig blieb, als hilflos dem nahenden Tod entgegenzusehen, hoffte ich doch auf ein Wunder.

Tatsächlich blieb ich keine 10 m vor dem gigantischen Riss liegen und wurde mit Schnee überschüttet, bis ich gerade noch mit einem Auge herausschauen konnte. Als einäugiger Schneemann beobachtete ich den weiteren Lawinenverlauf, der meinen Gast noch immer in seiner Gewalt hatte und mit dem menschlichen Spielball direkten Kurs auf die Gletscherkluft hielt. Da wir durch ein Seil miteinander verbunden waren, hoffte ich inständig, durch sein Gewicht nicht aus den Schneemassen gerissen zu werden und ebenfalls in der Spalte zu verschwinden. Durch seinen Sturz spannte sich zwar das Seil, doch meine Schneerüstung hielt dem Druck stand.

An dieser Stelle möchte ich einfügen, dass eine fachmännische Verknüpfung beim Anseilen über Leben und Tod entscheiden kann. Jene Verschlingungen könnten selbst durch Hammer und Meißel nicht mehr gelöst werden, so unglaublich fest sind die Seile miteinander verbunden.

Da ich wie einbetoniert und somit bewegungsunfähig war, musste sich mein Begleiter selbst aus der Spalte ziehen. Nachdem er dies auch geschafft hatte, eilte er mir zu Hilfe. Obwohl er beim Sturz seine dicke Brille verloren hatte und daher fast nichts mehr sehen konnte, befreite er mich von dem Betonschnee. Schwerverletzt fiel ich zu Boden und sagte zu dem Gast: „Ich kann nicht mehr, ich will nicht mehr und bleibe zum Sterben da liegen". „Ach geh" gab er lapidar zur Antwort, „probier einfach mal aufzustehen".

Von der Stelle, an der wir nach dem Lawinendesaster liegen blieben, bis zur Essener-Rostocker-Hütte war es noch ein sehr weiter Weg. Wir mussten erst das Reggentörl überwinden, um sodann schräg hinunter zur Hütte zu gelangen. Ich weiß nicht, ob ich es meinem Lebenswillen oder der Verantwortung für den Touristen verdankte, dass ich immer wieder versuchte, ein Stück der vor uns liegenden Route hinter mich zu bringen. Jeder Schritt wurde von schier unerträglichen Schmerzen begleitet und wenn sie gar zu stark durch meinen Körper pulsierten, schrie ich laut auf. Mit unzähligen Unterbrechungen schaffte ich es tatsächlich irgendwie bis zur rettenden Hütte. Wäre der Tourist nicht an meiner Seite gewesen, um mich stets aufs Neue zum Durchhalten zu motivieren, ich hätte mich alleine sicherlich nicht mehr aufgerafft.

Erst als ich im Krankenhaus lag, wurde mir das gravierende Ausmaß meiner Verletzungen so richtig deutlich. Aufgrund des Lawinenunglücks hatte ich nämlich sämtliche Rippen gebrochen und wäre sogar beinahe innerlich verblutet, da Knochensplitter meine Lunge durchstoßen hatten.

Trotz unvorstellbarer Schmerzen achtete ich bei der gefährlichen Route übers Reggentörl darauf, dass meinem Begleiter, der ohne seine Brille ja beinahe blind war, nichts passierte.

Während ich mich aufgrund der schweren Verletzungen kaum noch auf den Beinen halten konnte und noch ca. 30 m bis zum Hütteneingang zu absolvieren hatte, kam plötzlich wie aus dem Nichts die Studentengruppe, die bis zum Auslösen der Lawine stets in Sichtweite hinter uns waren. Anschließend sah und hörte man von den Knaben allerdings nichts mehr. Ja das war eine unfassbare Geschichte. Obwohl sie sehr wohl registriert hatten, dass ihre Schneehüpferei die Lawine ins Rollen brachte und das ganze Drama augenscheinlich verfolgten, kam uns kein einziger von ihnen zu Hilfe. Stattdessen fiel den Theologiestudenten nichts besseres ein, als sich zu verstecken und feige in ihrer Deckung zu verharren, bis sie glaubten, ich wäre mitsamt meinem Gast längst bei der Hütte angekommen.

Völlig erschöpft schleppte ich mich - dem Tod näher als dem Leben - zum Haus und stolperte mit allerletzter Kraft ins Innere der Hütte.

Die Wirtin stand an der Anrichte, um Speisen für die Gäste zu richten. Sie blickte mich erschrocken an und fragte ganz aufgeregt: „Ja um Gotts Willn, wie schaugschn du heut aus?" Mit schwacher Stimme erwiderte ich: „I werd nimma lang ausschaugn" und brach endgültig zusammen.

Die Wirtin alarmierte sofort den Hubschrauber, der mich ins Krankenhaus flog. Mein Zustand war kritisch und weder die Mediziner noch ich wussten, ob ich es schaffen würde, dem Tod von der Schippe zu springen.

Als lebenserhaltende Maßnahme verlegten die zuständigen Ärzte einen Schlauch in mein Innerstes, der etwas dicker war als ein Finger. An dessen Ende wurde nach ca. 1 m ein weiterer, dünnerer Schlauch geschoben. Die Konstruktion diente als Absaugvorrichtung, um Blut aus Stellen meines Körpers zu saugen, wo es nicht hingehörte. Durch die lawinenbedingten Verletzungen hatten sich immerhin 3 Liter Blut in und um meine Organe herum verirrt.

Am Ende des dünnen Schlauches befand sich ein Auffangbeutel, der natürlich außerhalb meines Körpers befestigt war. Die Krankenhausbetten bestanden seinerzeit noch aus geteilten Matratzen und der gestückelte, ineinander geschobene Schlauch samt Sammelbehältnis befand sich genau in der Matratzenritze. Die ganze Prozedur war äußerst unangenehm und verursachte Schmerzen. In der Hoffnung, durch ein wenig

Bewegung meine ungute Lage etwas entspannen zu können, zog ich vorsichtig an der Absaugkombination. Dadurch verkehrte sich meine Hoffnung ins Gegenteil, denn durch meine unvorsichtige Regung rutschte der dünnere aus dem dickeren Schlauch heraus. Ich wusste sofort, dies war kein gutes Zeichen, auch wenn ich nicht gleich eine Verschlechterung spürte.

Zwar lag im Bett neben mir ein weiterer Patient, doch der gab keinen Mucks von sich, als ich ihn um Hilfe bat. Wer weiß, ob der überhaupt noch am Leben war.

Trotz getrennter Schläuche konnte ich zunächst normal weiterschnaufen. Allerdings spürte ich bei jedem Atemzug, dass es mich aufbläst. Innerhalb kürzester Zeit wurde ich dicker und dicker und lief bereits blau an. Da ich die Luft durch den offenen Schlauch einatmete, kehrte sich der Saug- in einen Blaseffekt um. Die Schwesternklingel befand sich außer Reichweite und mein Bettnachbar zeigte noch immer keine Regung.

In meiner Not versuchte ich, meine Atemzüge so kurz wie möglich zu halten, um den Aufblasvorgang zu verlangsamen. Als ich da lag wie ein Kugelfisch und keine Hilfe in Sicht- bzw. Reichweite war, dachte ich schon, das war es dann wohl. Aufgrund meiner Hecheltaktik wurde mir auf einmal ganz komisch und ich wartete eigentlich nur noch darauf, dass mein Leben wie ein Film vor mir ablief. Man sagt ja, das würde passieren, kurz bevor man sich ins Jenseits verabschiedet. Doch scheinbar verlor ich lediglich das Bewusstsein. Denn als ich wieder zu mir kam, lag ich noch immer im Krankenbett mit der geteilten Matratze.

Zwischenzeitlich war das Zimmer jedoch angefüllt mit Ärzten, mindestens 10 Mediziner sprangen um mich herum. Glücklicherweise wurde doch noch rechtzeitig jemand auf mich aufmerksam und registrierte, dass mit mir etwas ganz und gar nicht stimmte.

Die Schläuche konnten sich aufgrund meine Bewegung nur deshalb entzweien, weil verabsäumt wurde, eine entsprechende Muffe mit Klemme daran zu befestigen.

Nachdem die Luft wieder aus mir herausgesaugt worden war, wurde ich eingegipst. Unter der harten weißen Schale befand sich zunächst mein kompletter Oberkörper bis zur Hüfte sowie ein Arm. Nachdem ich den Ärzten einen Finger des freien Arms zeigte, der mir seltsam dick erschien, stellten diese fest, dass jenes Gliedmaß ebenfalls gebrochen war und eh ich es mir versah, lag ich mit zwei eingegipsten Armen da.

Die Mahlzeiten konnte ich nur noch einnehmen, indem ich den Mund direkt an den Tellerrand führte. Nach ca. 4 bis 5 Wochen durfte ich das Spital dann endlich verlassen. Das Gipskorsett begleitete mich allerdings noch eine ganze Weile, denn es dauerte seine Zeit, bis alle Rippen wieder zusammengewachsen waren.

Mein Gast trug im Gegensatz zu mir zwar keine schlimmeren Verletzungen davon, doch lag auch er steif und demoliert für mindestens 3 Wochen im Bett.

Von der Wirtin der Essener-Rostocker-Hütte erfuhr ich einige Zeit später, dass alle Mitglieder besagter Studentengruppe, die nach dem Unglück an mir vorbei direkt in die Hütte stürmten, ihre ins Hüttenbuch eingetragenen Namen mit einem dicken schwarzen Stift durchstrichen und somit unleserlich machten. Dieses mehr als verräterische Verhalten war für mich Beweis genug, dass jeder einzelne von ihnen das Unglück beobachtet hatte und sich sehr wohl im Klaren darüber war, für das Auslösen der Lawine sowie deren fatalen Folgen verantwortlich zu sein. Warum sonst sollte jemand, der nichts zu verbergen hat, seinen Namen unkenntlich machen? Dass Anwärter auf kirchliche Ämter eine fahrlässige Körperverletzung verursachten und sich obendrein der unterlassenen Hilfeleistung schuldig machten, durfte natürlich nicht an die Öffentlichkeit gelangen.

Aufgrund dieses überaus skandalösen Vorfalls habe ich gegen die Verantwortlichen bzw. die Kirche eine Zeitlang prozessiert. Dazu musste ich erst mal beim Bezirksgericht Matrei i. O. Anzeige erstatten. Der Ablauf bzw. wohl eher Stillstand meiner Strafanzeige ging nicht mit rechten Dingen zu. Auf mehrfach wiederholte Nachfrage meinerseits erhielt ich ein Schreiben des Gerichts, das einen Verhandlungstermin avisierte, der allerdings bis heute nicht anberaumt wurde.

Ein Lienzer Bergführerobmann berichtete mir ein Jahr nach dem Vorfall, ein Sachverständiger wäre beauftragt worden, die Sachlage zu prüfen. Daraufhin hätte dieser bescheinigt, dass bezüglich des Lawinenabgangs kein Fremdverschulden vorlag. Seltsamerweise tauchte ein Gutachter zu keiner Zeit an der Unglücksstelle auf, um die örtlichen Gegebenheiten in Augenschein zu nehmen. Meines Erachtens war die ganze Verfahrensverzögerung reine Taktik. Ich kann es zwar leider nicht beweisen, doch bin ich mir absolut sicher, dass die Kirche alles daran setzte, eine Verhandlung oder gar Verurteilung zu vereiteln, da dieses Geschehnis ein ungeheuerlicher Eklat für die katholische Institution bedeutet und das Ehrlichkeits- wie Glaubwürdigkeitsimage immensen Schaden erlitten hätte.

Die Falschheit und Aussichtslosigkeit auf einen fairen Prozess nahm mir so viel Energie, dass ich keine Kraft mehr besaß, weiterhin um mein Recht zu kämpfen.

Dieses traumatische Erlebnis und seine ungeheuerlichen Folgen trugen wesentlich dazu bei, dass ich mein Vertrauen in die katholische Kirche für immer verloren habe.

Ich kann mich noch heute so genau an das schockierende Erlebnis erinnern, als ob es gestern gewesen oder erst vor ein paar Stunden passiert wäre, obwohl es bereits 45 Jahre zurückliegt.

Sowohl der Anmeldebrief des Bischofs als auch das damalige Hüttenbuch mit den unkenntlich gemachten Namen der

Theologiestudenten existieren nach wie vor.

Ich werde niemals begreifen, wie ein inzwischen geistliches Kirchenoberhaupt im Nachhinein behaupten kann, nie in Prägraten gewesen zu sein. Unvorstellbar! Ein derart unwürdiges Verhalten schlug dem Fass den Boden aus.

Glücklich, wieder zu Hause in meinem geliebten Bergdorf zu sein, unternahm ich trotz dem 16 kg schweren Gipspanzer etliche Wanderungen durch die Natur.

Einmal begleitete ich sogar einen Gast auf die Bodenalm. Der Mann war von Beruf Baumeister und seine Statur konnte man als ziemlich beleibt bezeichnen.

Ich wählte die Route vom Bichl über den steilen Wiesenweg. Obwohl ich diese Tour als gemächlichen Spaziergang empfand, konnte der Tourist nicht mal ansatzweise mit mir Schritt halten.

Der ist mir fast erstickt vor lauter Jammerei: „Mensch, wann kommt denn die Bodenalm endlich?" „Ja, ja, die wird schon kommen, die befindet sich immerhin auf knapp 2.000 m" gab ich zur Antwort.

Hierzu möchte ich sagen, dass unerfahrene Touristen keine Ahnung haben, was eine Höhe von 2000 m überhaupt bedeutet. Wenn sie vor Urlaubsantritt in eine Karte schauen, handelt es sich in den meisten Fällen wahrscheinlich um eine solche, in der das ganze Land verzeichnet ist, anstatt die Nase in eine Spezialwanderkarte zu stecken.

Und unter den sogenannten Bergwanderern befinden sich zudem etliche, die eine Karte erst gar nicht lesen können.

Mit dem Finger ist man schnell mal auf der Bodenalm, wenn auf der Karte ganz Osttirol abgebildet ist.

Nachdem der Baumeister aber seine Füße in der realen Natur und nicht nur seinen Finger auf der Karte bewegen musste, kam er ordentlich ins Schwitzen und schnaufte wie ein Walross.

Ich hab mit der Gipsrüstung sogar alleine die Weißspitze (3300 m) bestiegen. In den 70er Jahren war es noch erheblich schwieriger, den Gipfel zu erklimmen.

Natürlich war diese Besteigung erst möglich, nachdem mir zuvor wenigstens ein Arm entgipst wurde. Denn freihändig, also ohne mich an Felsvorsprüngen festhalten zu können, wäre diese Tour reiner Selbstmord gewesen.

Mit meinem Gipskorsett drehte ich auch so manche Runde durchs Dorf. Es war ja Sommer, ich wollte mich so oft wie nur möglich im Freien aufhalten und unsere gute Bergluft einatmen.

Bei einem meiner Streifzüge kam ich am Haus des alten Postmeisters vorbei. Ich grüßte ein paar Gäste, die in dessen Garten saßen und einer fragte mich dann ganz unverblümt: „Was hast denn du für ein Gerüst?"

Der pensionierte Postler antwortete statt meiner: „In eine Lawine ist er gekommen auf einem hohen Berg". Darauf konterte der Mensch ungläubig: „Na im Hochsommer wird man nicht in eine Lawine kommen." Was soll man da machen? Blöd schauen und wortlos weitergehen. Manche Leute sind eben dümmer als die Nacht finster. Es übersteigt ihr Vorstellungsvermögen, dass in 3500 m Höhe selbst im Hochsommer Schnee liegt, wenn das Thermometer im Tal die 30°C-Grenze überschritten hat.

In dem schweren wie stickigen Gipspanzer war ich einen ganzen Monat lang gefangen und als er dann endlich entfernt wurde, krochen schon die Maden heraus.

Mein Bergführerdasein machte selbst vor der eigenen Familie nicht halt und so wurde ich auch von meinen Schwestern als solcher eingespannt. Da sich die beiden seit längerem eingebildet hatten, den Großglockner besteigen zu wollen, brachen wir an einem Novembertag im Beisein meiner Schwägerin zum Gipfel auf.

Zunächst fuhren wir mit dem Auto in die Nähe der Kalser Lucknerhütte (2241 m). Von dort aus ging es zu Fuß über den Ködnitzkees zur Adlersruh (3454 m). Bereits dieser Abschnitt bestand aus blankem Eis und war entsprechend rutschig. Bei der Erzherzog-Johann-Hütte legten wir eine kurze Pause ein, um anschließend den höchsten Berg unseres Landes in Angriff zu nehmen.

Der vereiste Weg führte sich bis zum Kleinglockner fort, weshalb wir nur sehr langsam vorankamen. Da zu dieser Jahreszeit die Tage bekanntlich sehr kurz sind, begann es bereits zu dämmern. Dennoch stiegen wir über den Kleinglockner weiter. Kurz darauf klagten meine Schwester Vevi sowie auch die Schwägerin, sie hätten keine Kondition mehr und würden deshalb auch nicht weitergehen. Meine Schwester Leni hingegen, die aufgrund eines Unfalls einäugig durchs Leben ging, war uns unangeseilt schon ein ganzes Stück vorausgegangen. Sie schaute verständnislos in unsere Richtung und rief: „Ich geh zum Großglockner, das ist mir wurscht, was die da tun."

Während ich überlegte, wie zu tun ist, kamen zu allem Übel auch noch Bergdohlen angeflogen. Die Damen saßen erschöpft im Schnee und die Federviehformation schwirrte ständig um ihre Köpfe herum. Das lästige Umschwärmen der Vögel bestärkte die Beiden noch mehr, keinen Schritt weiter Richtung Gipfel zu gehen. Zudem hatten sie alle Hände voll zu tun, die kreischenden Dohlen von sich abzuwehren.

Resignierend rief ich Leni zu, sie möge doch bitte zu uns zurückkommen. Das nicht enden wollende Vogelgeflatter um die Köpfe der ausgepowerten Frauen ließ ihre panische Angst weiter ansteigen.

Es kostete mich einige Mühe, die Frauen überhaupt wieder in Bewegung zu bringen, um den Abstieg anzutreten, der steil und eisig vor uns lag.

Als wir bei der Erzherzog-Johann-Hütte eintrafen, wurde es auch schon dunkel. Die weitere Route von der Adlersruh hinunter ins Tal war wesentlich anspruchsvoller, als zum Venediger zu gehen. Das ist ein regelrechter Kletterparcours, der ohne Seilsicherung lebensgefährlich sein kann. Aufgrund der aufkommenden Nacht stiegen wir nicht über die Stüdlhütte, sondern direkt über eine Gletschermoräne in steilem Gelände ab.

Infolge der Abkürzung kamen wir beim Standort des Autos, das unterhalb der Lucknerhütte parkte, an. Ich wollte den Motor starten, um so schnell als möglich nach Hause zu kommen. Das funktionierte jedoch nicht so, wie ich es mir vorstellte, denn der Motor sprang nicht an. Zum Glück kam zu jener späten Stunde noch ein Auto gefahren, das vom Stüdlhüttenwirt gelenkt wurde. Er leistete freundlicherweise Starthilfe und so konnten wir endlich das Kalser Tal verlassen. Bis wir unseren Heimatort erreichten, war es wohl schon zwischen 22.30 Uhr und 23.00 Uhr.

Aus Sorge, uns wäre etwas zugestoßen, war bereits die Bergrettung mit der Suche beauftragt. Anstatt froh darüber zu sein, dass wir alle das Abenteuer der Teilbesteigung gesund und wohlbehalten überstanden hatten, wurde ich als Verantwortlicher der drei Grazien auch noch mit den Worten beschimpft: „Ja sag mal, was fällt dir denn ein? In der Nacht da vom Glockner abzusteigen“.

Das war mir dann doch zu blöd und ich legte mich schlafen. Einen Tag nach der gescheiterten Großglocknertour riet ich den drei Frauen, die Winterzeit zu nutzen, um durch Langlauf oder ähnliche Sportarten ihre Kondition zu trainieren.

Nachdem mein Vorschlag von den Damen tatsächlich beherzigt wurde, wiederholten wir im Frühjahr des darauffolgenden Jahres exakt die gleiche Tour und kamen alle vier in bester körperlicher Verfassung bis zum Gipfel des Großglockners (3798 m). Das Training und die dadurch erlangte Fitness waren primär dafür verantwortlich, den Berg problemlos zu erklimmen und auch wieder abzusteigen.

Als Autorin dieses Buches möchte ich mich an dieser Stelle ausnahmsweise kurz selbst zu Wort melden. Ich bin nämlich davon überzeugt, die Dohlen tauchten nicht zufällig auf. Ihr wildes Geflatter und aufgebrachtes Gekreische diente sicherlich dazu, den Alpenkönig mit seinem weiblichen Gefolge davon abzuhalten, den Gipfel noch am späten Nachmittag zu besteigen und stattdessen zur Umkehr zu bewegen. Denn die Truppe wäre zweifelsohne in die Nacht gekommen und wer weiß, welches Unglück durch die klugen Vögel, die nach meiner Meinung zu Unrecht als Todesvögel verrufen sind, verhindert wurde.
Auch wenn Alois Berger alias Alpenkönig nicht daran glaubt, hat er mir gegenüber immerhin zugestanden, es wäre möglich, dass meine Vermutung Berechtigung findet.
Dennoch betonte er, der Abbruch erfolgte allein deshalb, weil zwei seiner Begleiterinnen von ihren Kräften verlassen wurden.
Damit gebe ich das Wort zurück an den Erzähler.

So komme ich nun zu einem Vorfall, der sich beim Absteigen von der Simonyspitze (3448 m) zugetragen hatte.
Bei der folgenden Schilderung geht es um eine Ärztin, die mich gemeinsam mit ihrem Ehemann und einer weiteren Person als Bergführer buchte und mit der ich bis heute in Briefkontakt stehe.
Als wir auf dem Rückweg wieder die normale Steinkante erreicht hatten, entdeckte ich einen Flecken grünen Gesteins. Dieses zertrümmerte ich mit dem Eispickel und verteilte es an alle 3 Gäste, die mich begleiteten. Anschließend befestigte ich

den Pickel wieder an meinem Rucksack, da diese Gerätschaft für den weiteren Abstieg nicht mehr benötigt wurde. Normalerweise wird die Pickelspitze bei Nichtgebrauch mit einer Schutzhülle versehen, die mir leider abhanden gekommen war. Unweit der Steinstelle kamen wir an einen eher kurzen, dafür aber ziemlich steilen Hang, den wir hinuntersteigen mussten. Wie es der Teufel will, rutschte die sich direkt hinter mir befindliche Frau aus, fiel gegen meinen Rucksack und spießte ihren Hintern ungebremst an meiner Pickelspitze auf. Zum besseren Verständnis sei gesagt, dass dieses Kletterutensil einerseits aus einer Haue und andererseits aus einem spitzen Sporn besteht, der sich mindestens 7 cm in den Hintern der gestürzten Frau gebohrt hatte. Ich schaute mir das Dilemma kurz an und montierte dann ohne lange zu überlegen, erst mal die Pickelspitze wieder aus dem weiblichen Gesäß heraus. Das war eine äußerst unangenehme Situation für mich, doch die gute Frau war sehr tapfer und gab bei meiner Verarztung keinen Mucks von sich. Das blöde war nur, dass der Pickel in dem Hinterteil ein unschönes großes Loch zurückließ, aus dem enorm viel Blut herausquoll.

Der Freund des Ehepaares, der teils hilflos, teils fassungslos neben mir stand und alles mit ansah, wechselte zunächst seine Gesichtsfarbe wie ein Chamäleon, kurz darauf wurde ihm schlecht und letztendlich fiel er ohnmächtig zu Boden. Das hatte mir gerade noch gefehlt. Nun hatte ich in knapp 3000 m Höhe gleich zwei „Patienten" zu versorgen.

Das Irrwitzige an der ganzen Misere war, dass der Mann, der kein Blut oder keine Wunde sehen konnte, sich beinah in schlechterer Verfassung befand, als die schwer verletzte Frau mit dem Loch im Hintern.

Nach etwa einer halben Stunde erlangte der Ohnmächtige sein Bewusstsein wieder und es ging ihm glücklicherweise den Umständen entsprechend gut. Bei der Frau hatte ich zwischenzeitlich die Wunde versorgt und zusammengeschnürt.

Somit musste ich keine Sorge haben, dass der sensible Mensch erneut kollabieren könnte. Aufgrund meines Notverbandes lief die Frau sogar ohne Hilfe bis zur Essener-Rostocker-Hütte. Dort habe ich sie erneut verbunden, etwas fachmännischer als es mir in freier Natur und luftiger Höhe möglich war. In meiner Funktion als Bergführer trage ich natürlich stets eine Erste-Hilfe-Ausrüstung bei mir und darin befand sich ein spezieller Verband, der sich für diese Verletzung bestens eignete.

Ja die Szenerie dieser ärztlichen Versorgung muss man sich mal bildlich vorstellen. Besagte Dame war von eher korpulenter Statur und ich musste ihre Gesäßhälfte, in der sich die Wunde befand, mit aller Kraft zusammenpressen, um sie blutstillend verbinden und verkleben zu können.

Jener unglückliche Zwischenfall passierte ja bereits vor Jahrzehnten und wie mir die Touristin in einem ihrer Briefe berichtete, spüre und sehe man von dem Loch, das die Spitze meines Eispickels verursacht hatte, überhaupt nichts mehr. Sie bewandert noch heute unbeeinträchtigt die Bergwelt.

Aber dass der Mann ohnmächtig zusammenbrach, weil er keine Wunde oder kein Blut sehen konnte, kam mir schon komisch vor. Es ist für mich völlig unbegreiflich, dass man überhaupt so sensibel sein kann.

Die ganze Sache fand ein glückliches Ende und wie man an diesem Beispiel sieht, kann es von entscheidendem Vorteil sein, sowohl eine Bergführer- als auch eine Bergrettungsausbildung durchlaufen und absolviert zu haben.

Als ich noch um etliche Jahre jünger war, bescheinigte man mir des öfteren eine gewisse Ähnlichkeit mit der inzwischen längst verstorbenen Südtiroler Bergsteiger- und Filmlegende Luis Trenker. In den 70er Jahren verbrachte ich meine Urlaub hauptsächlich in Sulden und wohnte während meines Aufenthalts stets im gleichen Hotel. In diesem Haus traf ich eines schönen Tages auf Herrn Trenker persönlich. Er kam in Begleitung mehrerer Männer, setzte sich mit ihnen nieder und bestellte einen Schoppen Wein.

Ich war schon damals couragiert genug, um mich ungebeten an der Unterhaltung zu beteiligen. Wie erwartet, ging es vorwiegend um die Berge, die sich quasi vor der Haustür und deren näheren Umgebung befinden. Neben dem hinlänglich bekannten Ortler (3905 m) steht auch die Königsspitze (3951 m). Zum Zeitpunkt unserer Begegnung war ich noch keine 40 Jahre alt und er dürfte doppelt so alt gewesen sein.

Teilt man mit einer Person die Leidenschaft für die Berge, ist es jedoch völlig wurscht, ob der Altersunterschied 2 oder 50 Jahre beträgt.

In unserer Männerrunde führten wir jedenfalls äußerst interessante Gespräche.

Es war schon ein erhabenes Gefühl, mit einer solchen Berühmtheit am gleichen Tisch zu sitzen. Ein Mann, der in der Filmwelt zuhause war, gerne über Sex sprach - sehr gerne sogar - und dessen Erfolg selbst vor der Modewelt nicht Halt machte.

Ich kann mich erinnern, dass er gute Filme drehte und spannend erzählen konnte, jedoch war er aus meiner Sicht kein überragender Bergsteiger.

Wenn ich mich recht entsinne, starb er 1990 im hohen Alter von 97 Jahren und wurde in Grödental beigesetzt. Sein Grab, das noch heute als Pilgerstätte dient, liegt in St. Ulrich. Dieser Ort ist nicht zuletzt wegen seiner berühmten Holzschnitzer in aller Welt bekannt.

Seinem Begräbnis wohnte ich bei und besuchte in den darauffolgenden Jahren noch ein- oder zweimal Trenkers letzter Ruhestätte, an der außer mir mindestens 100 weitere Leute versammelt waren.

Ein derartiger Menschenauflauf war mir völlig unverständlich, denn ein Heiliger war Luis Trenker auf keinen Fall.

Peter Habeler und Reinhold Messner bestiegen 1978 gemeinsam als erste den Mount Everest ohne Sauerstoffmaske. Bezüglich dieses Vorhabens waren die Wissenschaftler davon überzeugt, die kommen „spinnert" zurück. Durch ihre waghalsige und vor allem erfolgreiche Besteigung erlangten die beiden Bergsteiger Weltruhm. Messner war allerdings bereits vor dieser Sensation, die beide entgegen aller Prophezeiungen physisch wie psychisch unbeschadet überstanden, schon sehr bekannt.

Habeler stammt aus Mayerhofen im Zillertal und wurde seinerzeit sogar vom österreichischen Bundespräsidenten zum Professor ernannt.

Er war zudem als Ausbilder von Bergführeranwärtern tätig, schenkte dieser Aufgabe jedoch nur mäßige Aufmerksamkeit, da seine Leidenschaft den Gipfeln dieser Welt galt.

Ich bringe diesen erstklassigen Bergsteiger in meine Geschichte ein, da auch in den Genuss kam, mehrfach mit ihm in den Bergen unterwegs gewesen zu sein.

Mit 74 Jahren bezwang er sogar noch einmal die Eiger Nordwand als ältester Mensch, den dieser Berg überhaupt gesehen hat.

Mitte der 70er Jahre nahm ich den Eigergipfel(3970 m) ebenfalls in Angriff. Über den Mittellegigrat kletterte ich hinauf, der gar nicht so leicht zu bewältigen war. Daher wurde dort wohl auch ein Biwak als Nachtlager errichtet.

Meine Abstiegsroute führte über die Westflanke.

Diesen Berg bezwungen zu haben, verschaffte mir ein unsagbar gutes Gefühl.

Dass die Eigerwand eine nicht zu unterschätzende

Herausforderung darstellt, beweisen unzählige tödliche Abstürze seit den Erstbesteigungsversuchen im Jahr 1883. Um weiteren Unglücken vorzubeugen, sprach die Schweizer Regierung in den 30er Jahren sogar ein Besteigungsverbot aus, das jedoch nach kurzer Zeit wieder aufgehoben wurde.
Im Inneren der Eiger führt eine Bahn hinauf, mit der ich auch schon mehrfach gefahren bin. Sie reicht bis zu einem Stollenloch auf etwa 3500 m. An dieser Stelle gibt es die Möglichkeit, die Eigerwand von außen zu betrachten.
In unmittelbarer Nachbarschaft befinden sich der Mönch mit einer beachtlichen Höhe von immerhin 4107 m und die Jungfrau mit ihren 4158 m Höhe.

Im Jahr 1977 ereignete sich ein weiteres, äußerst dramatisches Lawinenunglück, von dem ich nachfolgend berichte.
In der Früh kam in der Bergrettungsstation die Meldung herein, an der Bushaltestelle in Hinterbichl sei eine Lawine abgegangen. Zeitgleich wurde aus diesem Ortsteil bizarrerweise mitgeteilt, die Schneehöhe von höchstens einem Meter stelle keine akute Gefahr dar.
Wir fuhren mit Lawinensonden und Schaufeln bewaffnet so schnell als möglich zum Unglücksort, um Menschenleben zu retten.
Bei jener Aktion war ich Leiter der Mannschaft, die aus ca. 30 Mann bestand. Eile war geboten, denn an der Haltestelle hielten sich zum Zeitpunkt der Katastrophe drei Kinder auf, die den Schulbus erwarteten und die es so schnell als möglich zu finden galt. Das Areal rund um die Busstation war über und über mit Schnee bedeckt. Es herrschte Totenstille, man hörte keinen einzigen Laut. Meine Kameraden begannen sofort eine planlose Schaufelei. Genau wie bei dem geschilderten

Unglück von 1951 schippte der eine das Loch des anderen wieder zu. Dem unkontrollierten Spektakel schaute ich keine 10 Minuten zu, dann bestieg ich einen ebenfalls mit Schnee überzogenen Bretterstapel und rief dem Suchtrupp zu, sie sollten mal alle herhören.

Ich gab ihnen die Anordnung, dass jeder eine Lawinensonde zur Hand nimmt, sie sich damit in einer Reihe aufstellen und die Unglücksstelle systematisch absuchen. Das bedeutete, alle 20 cm mit der Sonde in den Schnee zu stochern.

Gesagt, getan. Nach etwa fünfzehn bis zwanzig Minuten orteten wir zwei Kinder und gruben sie aus. Die Geschwister konnten zur Freude aller lebend geborgen werden. Jedoch blieb die ältere Schwester der Geretteten zunächst vermisst. Die beiden Verschütteten, die wir rechtzeitig befreiten, erzählten später, sie hätten uns die ganze Zeit auf dem Schnee herumlaufen hören. Sie waren „nur" ca. einen Meter tief vergraben. Diese eher geringe Höhe klingt vielleicht harmlos, doch gerade bei einem Lawinenunglück genügt sie vollkommen, um lebendig begraben zu werden, da es in den meisten Fällen unmöglich ist, sich selbst zu befreien.

Ich weiß das aus eigener Erfahrung nur zu gut.

Das dritte Kind, damals 12 Jahre alt, fanden wir nicht sofort und es begann ein gnadenloser Wettlauf mit der Zeit. Wir erweiterten das Suchfeld und sondierten in einem größeren Radius. Dann endlich hatten wir auch sie aufgespürt und von den Schneemassen befreit. Das Mädchen war noch am Leben, doch sah es für die Kleine nicht wirklich gut aus, nachdem sie zu lange im eisigen Schnee gefangen war.

Ein damaliger, inzwischen bereits verstorbener Kollege, überlegte nicht lange und setzte sofortige Wiederbelebungsmaßnahmen an. Dazu muss ich leider sagen, dass nach heutigem medizinischen Stand die angewandte Reanimation falsch bzw. unzureichend durchgeführt wurde. Man konzentrierte sich nämlich viel mehr auf die Beatmung als auf Herzmassage.

Nachdem mein Kamerad eine ganze Weile seine Luft in den Mund des Mädchens geatmet hatte, verließen ihn die Kräfte und so übernahm ich die Mund-zu-Mund-Beatmung. Ich blies, was meine Lunge hergab und zwischendurch führte ich eine Herzdruckmassage aus. Meine Reanimation setzte ich fort, bis der Arzt aus dem 18 km entfernten Matrei an der Unglücksstelle eintraf. Das dauerte verhältnismäßig lange, da der Mediziner aufgrund des tiefen Schnees nur begrenzt mit dem Auto vorankam. Den Großteil der Wegstrecke musste er nämlich zu Fuß zurücklegen. Als der Doktor dann endlich vor mir bzw. dem Mädchen stand, war ich von der permanenten Beatmung bereits ziemlich erschöpft, doch ich mobilisierte all meine Kräfte und machte weiter.

Der Arzt stach mit einer langen Nadel ins Herz des Mädchens bevor wir das Kind behutsam in ein Feuerwehrauto legten, um es ins Krankenhaus nach Lienz zu fahren. Obwohl ja bereits längst ein Mediziner anwesend war, hörte ich mit meinen Beatmungsanstrengungen nicht auf. Ich wollte alles versuchen, um das Mädchen zu retten.

Als wir den Ortsteil Bobojach durchfuhren, sagte der Doktor jedoch zu mir: „Alois, das machst du leider umsonst. Hör auf, es nutzt eh nix mehr". Seine Worte drangen zwar an mein Ohr, doch wollte ich das Gesagte nicht wahrhaben. Wenn allerdings ein Arzt sagt, man solle mit der Wiederbelebung aufhören, dann hört man auf.

Statt ins Krankenhaus fuhren wir mit dem toten Mädchen zurück zu ihrem Elternhaus, das sich ganz in der Nähe der Unglücksstelle befindet.

Ich fühlte mich hundeelend und vielleicht auch irgendwie schuldig, weil ich die Kleine nicht retten konnte. Ein totes Kind zu seinen Eltern bringen zu müssen, ist ganz fürchterlich und dieses Gefühl, das einen das Herz zuschnürt, kann unmöglich in Worte gefasst werden. Solch eine Tragödie zieht einem den letzten Nerv.

Als wir die verstorbene Tochter ins Haus trugen, erfolgte wildes Geschrei und verzweifeltes Wehklagen. Wir betteten sie in die Stube, die bereits eigens dafür hergerichtet schien. Die Familie hatte wohl geahnt, dass ihr ältestes Kind das Lawinenunglück nicht überleben würde.

Anlässlich einer Ehrung, die zu einem wesentlich späteren Zeitpunkt stattfand, kam das soeben geschilderte Lawinendrama nochmals zur Sprache. Einer der Gemeinderäte sagte zu mir: „Alois, du hast für die damaligen Verhältnisse alles richtig gemacht und daher solltest du dir keine Schuldgefühle einreden".

Es wäre unnatürlich und gefühlskalt, würde man sich über einen solch tragischen Vorfall keine Gedanken machen. Man fragt sich unweigerlich immer wieder, ob das Mädchen überlebt hätte, wenn wir mehr auf Herzdruckmassage geschult und fokussiert gewesen wären. Seinerzeit wurde man beim Erste-Hilfe-Kurs darauf geschult, Herzdruckmassage nur sporadisch anzuwenden, da vor allem die Beatmung, und primär die Beatmung, von Bedeutung sei.

Allen Spekulationen zum Trotz muss man sich mit der Tatsache abfinden, dass trotz intensivster Bemühungen nichts mehr für die Kleine getan werden konnte.

Das Kind lag aufgebahrt im Elternhaus und das Blöde war, dass die Lawinengefahr kontinuierlich weiter anstieg. Deshalb musste zu allem Übel auch noch das Begräbnis immer wieder verschoben werden. Das tote Mädchen lag mindestens 10 Tage zuhause, bevor wir von der Lawinenkommission und Mitglieder der Gemeinde uns entgegen aller Warnungen dazu entschlossen, einen Trauerzug nach Prägraten zu wagen, um das Kind endlich beisetzen zu können. Voraussetzung dafür war jedoch, dass sich die Anzahl der Trauergäste für den 3 km langen Fußmarsch von Hinterbichl zum Prägratner Friedhof auf den engsten Familienkreis beschränkte. Während mein Kollege dem Trauerzug nach Prägraten folgte, lief ich parallel auf der gegenüberliegenden Seite, um die Berghänge im Auge zu behalten. Wäre nämlich eine Lawine ins Rutschen gekommen, hätte ich sofort Alarm geschlagen. Doch es ging alles gut und die Kleine konnte endlich ihrer letzten Ruhestätte übergeben werden.

Als aktives Mitglied der Bergrettung erlebt man zwangsläufig wenig schöne Situationen, doch zu den weitaus furchtbarsten Einsätzen gehört, den Leichnam eines Kindes seinen Eltern übergeben zu müssen.

Allerdings war es eine unglaubliche Freude, wenigstens zwei der drei Kinder lebend aus den Schneemassen holen zu können. Inzwischen dürfte das ältere der überlebenden Geschwister um die 50 Jahre alt sein.

Wäre es nach meiner Mutter gegangen, so hätte ich Theologe werden sollen. Ich bin mit 5 Geschwistern aufgewachsen, von denen inzwischen leider nur noch meine Schwester Leni und ich übrig geblieben sind. Obwohl ich in der Regel ein gehorsames Kind war, wollte ich ganz sicher kein Leben als Pfarrer fristen.

In dieser Hinsicht widersetzte ich mich dem Willen meiner Eltern erfolgreich und so ist mir Gott sei dank das Zölibat erspart geblieben. Dennoch war ich nie verheiratet.

Wenn ich jemandem die Schuld dafür in die Schuhe schieben kann, dann meiner Mutter. Sie duldete nämlich keine Frau an meiner Seite und wenn ich mal ein Mädchen mit nach Hause brachte, drohte sie mit ihrem Auszug. Wir haben wegen ihres egoistischen Verhaltens manchmal ziemlich gestritten. Obwohl ich es als unfair empfand, habe ich mich letztendlich gefügt. Was blieb mir anderes übrig? Dabei war es damals wie heute gang und gebe, dass die eingeheiratete Schwiegertochter den Haushalt übernimmt und die alte Bäuerin auf dem Hof höchstens noch mithilft. Das war und ist so üblich, doch meine Mutter hat über jede Frau, die ich mit nach Hause brachte, gesagt: „Was hast denn da scho wieder und was willst mit der do?"

Eine Touristin, an die ich mich sehr gerne und auch bestens erinnere, kam aus Düsseldorf häufig in unser kleines Bergdorf auf Urlaub. Als ich sie kennenlernte, waren wir beide Ende 30. Mit dieser Frau war ich sehr viel unterwegs; im Winter mit Skiern und im Sommer zu Fuß.

Sie war eine extrem gute Bergsteigerin und nach etwa 2 bis 3 Jahren haben wir uns dann so richtig ineinander verliebt. Unser Hauptansinnen blieb jedoch das Bergsteigen und so kletterte ich mit ihr mehrfach auf alle Hohe Tauern-Gipfel. Angefangen haben wir mit dem Berger Kogel (2656 m). Dabei handelt es sich um einen leicht begehbaren Berg und der Aufstieg wird mit einer wunderbaren Aussicht belohnt, sofern der Wettergott gnädig gestimmt ist.

Danach nahm ich mit ihr den Lasörling (3098 m) in Angriff, obwohl mir dieser Berg nie sonderlich sympathisch war, da es sehr viele Steine zu überwinden gilt.

Von dort aus ging es weiter zum Stampfleskopf (3071 m), zur Daberspitze (3402 m) und zur Kreuzspitze (3155 m). Auch die Reichenbergerhütte (2586 m) mit Umgebung, Keesegg (3173 m) und die Dreiherrenspitze (3499 m) ließen wir nicht aus. Sozusagen haben wir gemeinsam alle Gipfel, die rund um Prägraten zu finden sind, bestiegen.

In der Winterzeit genossen wir unzählige gemeinsame Skitouren und da wir sehr innige Gefühle füreinander hegten, war auch in der Nacht immer was los, um das mal so auszudrücken.

Jene faszinierende Frau kam 2 bis 3 mal jährlich auf Urlaub und wir verbrachten stets eine leidenschaftliche Zweisamkeit, nicht nur auf den Bergen. Nachdem wir alle Gipfel der Osttiroler Alpen erklommen hatten, wichen wir in die

Nachbarländer aus, um auch dort die Welt von oben zu betrachten.

Vor uns war weder die Ortlergruppe (3905 m) in Südtirol sicher, noch der Mont Blanc (4810 m) in Frankreich oder das Matterhorn (4478 m) in der Schweiz.

Obwohl diese Frau verheiratet und zudem als Professorin äußerst gebildet war, hielt unser Verhältnis wundervolle 20 Jahre lang an. Dann beendete sie unsere Liaison zu meinem Bedauern, da sie ihrem Ehemann unsere Beziehung nicht mehr zumuten konnte. Er wusste wohl von unserer Liebe und duldete es mehr oder weniger all die Jahre. Er war auch mehrmals mit ihr gemeinsam zu Besuch hier, doch glücklicherweise kam sie meistens alleine.

Für mich war ihre Gesellschaft, allein schon aufgrund der Tatsache, dass wir die Passion für die Berge teilten, stets ein Genuss. In zwei Jahrzehnten sind wir bestimmt 1000 Touren gegangen.

Seit sie vor ca. 25 Jahren unsere Affäre ihrem Mann zuliebe aufgab, habe ich sie nie wieder gesehen. Es würde mich natürlich schon sehr interessieren, wie es ihr heute geht und wie sie aussieht.

Ich möchte behaupten, diese Frau war die Liebe meines Lebens und ich bin dankbar für jeden Augenblick, den ich mit ihr verbringen durfte.

Eine dramatische Situation erlebte ich seinerzeit am Großglockner. An jenem Tag absolvierte ich die erste Besteigung mit einer Gruppe bereits um 4.00 Uhr in der Früh. Um 10.00 Uhr am Vormittag machte ich mich mit einer weiteren Seilschaft abermals an den Aufstieg.

Bereits am Kleinglockner herrschte eine besondere Schwüle und ich spürte instinktiv, dass ein Unwetter aufziehen würde.

Allerdings war ich optimistisch genug, es noch rechtzeitig bis zum Gipfel und wieder herunter zu schaffen. Doch dem war leider nicht so. Nachfolgende Bergsteiger brachen aufgrund der unsicheren Wetterlage ihre Gipfeltour ab und kehrten zur Erzherzog-Johannhütte (3454 m) zurück.

Ich hingegen ging mit meiner Seilschaft bis zum Gipfel weiter. Das Unwetter holte uns unterdessen ein, es gewitterte und das Kreuz krachte aufgrund einschlagender Blitze so laut wie eine Kreissäge.

Da die Nähe zum Kreuz lebensgefährlich war, sagte ich zu meiner Truppe, die aus einer Frau und zwei Männern bestand: „Schnell, wir müssen umkehren und uns ein Stück vom Kreuz entfernen!"

Noch während ich diese Warnung aussprach, erfolgte ein ohrenbetäubendes Geräusch. Auslöser für diesen Höllenlärm war ein Blitz, der mit seiner ersten Entladung direkt ins Kreuz gefahren war. Daraufhin fielen wir alle ohnmächtig zu Boden. Während ich mindestens eine Stunde bewusstlos war, dauerte es bei den anderen knapp zwei Stunden, bis sie wieder zu sich kamen. Also zog ich die besinnungslosen Gäste ca. 3 bis 4 Meter in sichereres Gefilde zu einem Felsen, an dem sich eine Verflachung befand. Während die Mitglieder meiner Gruppe noch immer bewusstlos waren, startete ich mehrfach einen Versuch aufzustehen. Doch sobald auch nur meine Hand über das Gestein hinausragte, fuhr sofort der Blitz in meine Gliedmaßen und kam an den Steigeisen, die ich an den Füssen trug, als Funken wieder heraus. Es wird ja immer geraten, bei Gewitter sämtliche Eisenteile vom Körper zu entfernen. Das ist aber gerade fürs Hochgebirge eine völlig falsche Lehre, da man ja vor allem die Steigeisen unbedingt benötigt, um einen sehr hohen wie steilen Berg sicher wieder absteigen zu können.

Nachdem ich gegen die gefährlichen Blitze keine Chance hatte, verharrte ich in Liegeposition ebenfalls im Schutz des

Felsens. Nach ca. 2 Stunden erwachten die Gäste reihum und einer der Männer fragte ängstlich: „Alois, was machen wir jetzt?" Ich gab ihm zur Antwort: „Probier mal aufzustehen, dann wirst du ganz schnell merken, dass es unmöglich ist. Wenn du versuchen solltest, deine Hand oder auch nur die Fingerspitzen über den Stein zu halten, fährt sofort der Blitz rein und bei deinen Füßen wieder raus."

Er probierte es tatsächlich und als genau das eintraf, was ich ihm kurz zuvor prophezeit hatte, unternahm er keinen zweiten Versuch mehr. Mit einer gewissen Portion Sarkasmus ließ ich noch verlauten: „Wir können auch unseren Tod abwarten."

Ich wollte den Gästen natürlich keine Angst einjagen, brauchte allerdings ein wenig Zeit für meine Überlegungen, wie ich die Leute ins Tal bringe, ohne dass ein Blitz uns in Grillhähnchen verwandelt. So schnell, wie das Gewitter über uns hereinbrach, verzog es sich leider nicht wieder. Während wir über Stunden an dem schützenden Gestein festhingen, setzte zu allem Übel auch noch starker Schneefall ein. Nachdem der Neuschnee bereits einen halben Meter erreicht hatte, war unverzügliches Handeln gefragt. Wir mussten so schnell als möglich absteigen, denn die Schneeschicht stieg immer weiter an. Innerhalb kürzester Zeit waren es bereits 60 oder 70 cm. Trotz des intensiven Schneefalls waren die Blitze, die unaufhörlich vom Himmel zuckten, nach wie vor lebensgefährlich und verhinderten, unsere Deckung in aufrechter Haltung zu verlassen, ohne dabei unser Leben zu riskieren. Wir mussten jedoch da weg, Blitz hin oder her. Also wies ich meine Seilschaft an, mir so bodennah wie nur möglich zu folgen. So sind wir vom Großglockner die ersten 20 m gerobbt wie Rekruten bei einer Bundesheerübung.

Bei der Glocknerscharte war es immerhin etwas ungefährlicher, sodass wir in aufrechter Haltung weiter absteigen konnten. Zum Kleinglockner mussten wir allerdings wieder ein

Stück bergauf und dort war dann erneut der Teufel los. Das Gewitter hielt noch immer an und an diesem Grat sind 3 Eisenstangen verankert, an denen ich meine Gruppe erst mal sicherte. Ein weiterer Sicherungsstab befindet sich an der Stelle, an der es vom Kleinglockner steil abgeht. Auch um diese Halterung habe ich das Sicherungsseil geschwungen, die Leute eng zusammengeschnürt und dem Menschenbündel einfach einen Schubs gegeben. Die Gäste sind dann allesamt langsam aber sicher über den tiefen Schnee hinuntergerutscht. Währenddessen fuhren Blitze permanent in die Eisenstangen, an denen ich meine Seilschaft gesichert hatte. Ich zählte mindestens 20 Blitze, bis sich die Gruppe zu meiner Erleichterung ein erhebliches Stück weiter unterhalb des Blitzinfernos befand. Der eine oder andere Leser mag über meine Vorgehensweise den Kopf schütteln und mich als leichtsinnig bezeichnen. Dem ist jedoch ganz und gar nicht so.

Als Bergführer trägt man die Verantwortung für seine Seilschaft und eine der wichtigsten Voraussetzungen ist es, in heiklen Situationen stets einen kühlen Kopf zu bewahren und nicht in Panik zu geraten. Ich wusste sehr genau, was ich tat. In dem tiefen, jedoch lockeren Neuschnee konnten sich die Leute weder verletzen noch unkontrolliert abgleiten, da ihre Rutschpartie stark abgebremst wurde. Nachdem ich zu meiner Truppe abgestiegen war, kamen wir weiter unten erneut zu einer Sicherheitsstange, bei der ich das zuvor geschilderte Manöver wiederholte. Danach waren wir endlich raus aus dem steilen wie gefährlichen Gebiet und stapften durch den Tiefschnee, bis wir völlig durchnässt und erschöpft, ansonsten jedoch unversehrt, bei der Erzherzog- Johann-Hütte ankamen. Der Wirt wartete bereits ungeduldig auf unsere Rückkehr und teilte mir mit, dass die Bergrettung bereits alarmiert wurde, die von der Stüdlhütte in Richtung Adlersruh unterwegs sei, um nach uns zu suchen. Wir galten als abgängig, da der Hüttenwirt über meine Glocknerbegehung informiert war und wir aufgrund des Gewitters zu lange ausblieben. Nach unserem Eintreffen wurde gegenüber den Rettungskräften sofort Entwarnung gegeben. Das Unwetter hatte sich noch immer nicht beruhigt und während wir uns gerade an einem Tisch niederließen, schlug ein Blitz ins Rohr des Stubenofens ein, sodass sich regelrechte Feuerstangen bildeten, die durch den Kamin sausten.

Ja das Wetter hatte es an dem Tag in sich und ich war heilfroh, meine Begleiter gesund und wohlbehalten zurückgeführt zu haben.

Wenn man die Verantwortung für das Leben seiner Seilschaft trägt, ist es natürlich schwieriger, richtige bzw. vernünftige Entscheidungen zu treffen, als wenn man alleine in den Bergen unterwegs ist.

Soweit zu diesem Gipfeldrama. Ich habe wahrlich des öfteren einschlagende Blitze in unmittelbarer Nähe erlebt, doch nie zuvor in einer solchen Stärke, dass ich bewusstlos umfiel und am ganzen Kopf Brandblasen davontrug.

Nun möchte ich eine Geschichte erzählen, die zum einen zwar makaber klingt, zum anderen jedoch auch zum Schmunzeln einlädt.

Dabei geht es um einen älteren Herrn, der vermisst wurde und wir von der Bergrettung waren eine ganze Woche lang mit der Suche nach dem abgängigen Gast beschäftigt.

Im Zuge der Suchaktion überflog ich in Begleitung zweier Gendarmeriebeamter mit dem Hubschrauber die Lasnitzenalm weiter Richtung Lasörling und die umliegende Gegend. Während wir uns in einer Höhe von 2600 bis 2700 m befanden, teilte der Pilot mit, ihm ginge das Kerosin aus.

Seinerzeit musste man noch bis Klagenfurt fliegen, um aufzutanken. Damit ich die Suche vom Boden aus fortsetzen konnte, setzte er mich in besagter Höhe ab. Die Vertreter der Exekutive verblieben hingegen im Helikopter und flogen mit nach Klagenfurt. Sie avisierten ihre Rückkehr und verschwanden. Nachdem ich eine gefühlte Ewigkeit auf das Eintreffen des vollgetankten Hubschraubers wartete, musste ich irgendwann einsehen, dass keiner mehr kommen würde. Um nicht noch länger untätig herumzustehen, entschloss ich mich, zur Melberspitze aufzusteigen. Von dort aus marschierte ich weiter über den Grat, um zur Goldeckscharte (2533 m) zu gelangen. Mittels Funk war ich ja darüber informiert, dass sich dort meine Bergrettungskameraden einschließlich des Obmanns aufhielten.

Der Grat verläuft an einer Stelle ziemlich flach und sandig. Daher fielen mir Schuhabdrücke auf, die sich bergab fortsetzten. Mein Blick fiel auf die beinahe senkrecht weiter unten liegende Bergerseehütte (2181 m).

Der abwärts führenden Spur folgte ich ein kurzes Stück, bis plötzlich eigenartige Schleifspuren auftauchten.

Ich vermutete, dass der Vermisste dort abgestürzt sein könnte, doch da es in dem Sektor extrem steil ist, lief ich den Grat zur Scharte entlang, bis ich auf meine Kollegen traf. Der Obmann brach kurz nach meiner Ankunft die Suche aufgrund einsetzender Dämmerung ab. Bevor sich die Truppe an den Abstieg machte, meldete ich mich zu Wort und sagte: „Ich möchte noch mal zum Bergersee gehen, um von dort aus in Richtung Lasörling zu schauen. Denn ich habe auf dem Weg hierher etwas bemerkt und würde mich gern vergewissern, ob da tatsächlich etwas ist oder ich mich getäuscht habe." Der Einsatzleiter gab mir für mein Vorhaben grünes Licht und so marschierte ich in Begleitung eines Kollegen los.

Als wir beim Bergersee ankamen, war die Dämmerung bereits erheblich fortgeschritten. In der Hoffnung, noch etwas erkennen zu können, nahmen wir unsere Ferngläser zur Hand und suchten systematisch den gegenüberliegenden Hang

Richtung Lasörling ab.

Gerade als ich mir eingestehen wollte, mich wohl doch getäuscht zu haben, erblickte ich etwas rötliches und zeigte dem Kameraden meine Entdeckung. Da wir beide der Meinung waren, es könnte sich dabei um den gesuchten Mann handeln, liefen wir auf die gegenüberliegende Seeseite, um von dort aus ein Stück den Steilhang hinaufzuklettern.

Und tatsächlich lag hinter einem großen Felsen dieser Mensch, wenn auch schon total zertrümmert.

Der abgestürzte Tourist dürfte so um die 60 Jahre alt gewesen sein.

Am Fundort war die Steinwand sehr steil und wir hatten unsere Rucksäcke, die für eine Bergung notwendige Seile beinhalteten, schlauerweise am Einstieg zurückgelassen. Ich fragte meinen Kollegen, der zur damaligen Zeit als Schützenhauptmann fungierte: „Was machen wir denn jetzt mit dem Burschen da?"

Als wir bei dem Toten standen, hatte ich wegen des Einsatzes noch immer mein Funkgerät umhängen, das entgegen meiner Annahme nach wie vor auf Empfang stand. Da wir den Leichnam nicht abseilen konnten, schlug ich meinem Kameraden vor: „Na lass ma ihn a bissl un". Das bedeutet so viel wie „lassen wir ihn ein bisschen hinunterkugeln" und das haben wir dann auch getan. Wenn das jemand beobachtet hätte, oje! Während der Leichnam da hinunterstürzte, sind die Fetzen nur so geflogen. Wir schauten ihm nach und dabei ließ ich fatalerweise auch noch verlauten: „Das sieht ja aus wie Fleisch treiben!"

Erst nachdem ich diese äußerst unpassende Bemerkung ausgesprochen hatte, fiel mir auf, dass mein Funkgerät noch eingeschalten war. Obwohl ich meinen Ausspruch dadurch leider nicht rückgängig machen konnte, drückte ich reflexartig den Ausschaltknopf. An meinen Kollegen gewandt stellte ich fest: „Das hätte ich wohl besser nicht sagen sollen".

Ja, das wäre in der Tat gescheiter gewesen, denn in ganz Tirol, Osttirol und Kärnten wurden die Leute auf den Hütten und in den Bergrettungszentren akustische Zeugen unserer unkonventionellen Bergungsmethode, die ich dummerweise auch noch so pietätlos kommentierte.

Diese Aktion war nicht nur außerordentlich peinlich, sondern auch noch absolut unprofessionell. Meinen Fauxpas bekam ich noch lange nach dem Vorfall und ziemlich häufig aufs Brot geschmiert.

Ich sehe den tödlich verunglückten Touristen noch heute vor meinem geistigen Auge den Steilhang hinunterkugeln. An der Stelle, an der er irgendwann liegenblieb, haben ihn dann erst einmal belassen und liefen zur Bergerseehütte zurück. Viel war von dem Menschen ja eh nicht übrig und seine abhanden gekommenen Einzelteile suchten wir auch nicht mehr zusammen. Wahrscheinlich hatten sich eh schon die Geier darauf gestürzt.

Ich gab den Fund an die Bergrettungszentrale weiter und forderte Verstärkung an, um den Toten abzutransportieren. Noch am gleichen Abend tauchte eine 10 Mann starke Gruppe mit einer Gebirgstrage auf. Akia nennt man eine solche Blechtrage zum Ziehen, die mit Eisenkufen und einem Rad ausgestattet ist.

Nachdem die Kameraden die kläglichen Überreste des Toten aufgeladen hatten, fuhren sie mit dem Akia in einem solchen Tempo ab, dass die Funken regelrecht vom Blech flogen. Ich hatte Mühe, denen überhaupt nachzukommen und hoffte nur, dass durch den Leichtsinn der kindischen Narren kein weiteres Unglück passieren würde. Glücklicherweise kehrten wir alle wieder heil und gesund ins Dorf zurück.

Nur der vermisste Tourist, der in einem Ortsgasthof Quartier bezogen hatte, verbrachte seine letzte Nacht in der Leichenhalle, bevor er in seine Heimat überführt wurde.

ie weitere kurze Geschichte handelt vom Abstieg des Hohen Quirl (3251 m), bei dem man mit dem Gesicht zur Wand und nacheinander hinunterklettern musste, da es anders unmöglich gewesen wäre.

In meiner Seilschaft befanden sich ein Mann und eine Frau. Während sie sich als Erste an den Abstieg machte, folgte er ihr in zu kurzem Abstand. Da er wohl ausschließlich auf seine Tritt- und Haltebewegungen fixiert war, achtete er nicht auf die unter ihm kletternde Frau. So kam es, dass er auf ihre Hand stieg, mit der sie an Gesteinsvorsprüngen Halt suchte. Dabei bohrten sich die Spitzen seines Steigeisen durch ihre Handfläche und nagelten die Frau im wahrsten Sinne des Wortes an den Felsen.

Ja das sind Verletzungen, wie sie leider immer mal wieder vorkamen, die jedoch meist schlimmer aussahen, als sie im Endeffekt waren. Natürlich sah es schockierend aus, als die Spitzen des Steigeisens die Hand der Frau durchlöcherten, doch auch diese Wunden verheilten ohne Folgeschäden.

ährend meiner Tätigkeiten als Bergführer, Bergretter und auch als Lawinenkommissionsobmann gehörten Lawinengefahren sowie -abgänge quasi zum täglichen Leben.

Entscheidungen bezüglich Gefahrenprognosen als Lawinenkommissionsobmann zu fällen, ist eine äußerst undankbare Aufgabe. Während die einen gewisse Schneemengen bereits als gefährlich einstufen, sagen andere: „Ma, ihr spinnts wohl a wä, die Pisten und alles zu sperren."

Am schwierigsten bei der Einstufung von Lawinengefahren war für mich, Einheimische aufzufordern, ihre Häuser auf schnellstem Wege zu verlassen.

Obwohl man Evakuierungen ja sowieso nur in absoluten Ausnahmesituationen vornimmt, reagieren manche trotzig und uneinsichtig mit den Worten: „Die haben ja wohl nen Vogel, des is jo gar nit gfährlich."

Ich möchte damit lediglich betonen, dass es für die Verantwortlichen eine ungeheure Anspannung darstellt, Entscheidungen treffen zu müssen.

In meiner Funktion als Obmann blieb auch ich von dieser undankbaren Aufgabe nicht verschont. Es herrschten seinerzeit fatale Schneeverhältnisse, als Gäste nach ihrem Urlaubsende das Tal verlassen wollten. Dabei handelte es sich um mindestens 200 bis 300 Touristen, die ihre Heimfahrt geplant hatten und in etwa ebenso viele wollten hineinkommen in unser Dorf, um darin ihren Urlaub zu verbringen. Da seinerzeit die Lawinengefahr aufgrund der gewaltigen Schneemassen zu groß war, ließ ich die einzige Zufahrtsstraße in unseren Ort für eine Woche lang sperren. So kam niemand hinaus oder hinein. Wir hatten damals derart viel Schnee, dass man vom Dach des Hauses eher hinauf- als hinuntersteigen konnte und waren von der Außenwelt abgeschnitten. Ankommende wie abreisende Gäste erkannten die damit verbundene Gefahr natürlich nicht und wollten unbedingt ein- bzw. ausreisen. Die meisten, die mit dem eigenen Fahrzeug ankamen, kämpften sich irgendwie von Lienz über Matrei bis nach Obermauern durch. Dort war dann aufgrund der von mir verhängten Straßensperre ihre Reise erst mal zu Ende. Um die Nächte nicht im Auto verbringen zu müssen, suchten sich die Touristen Notquartiere in Form von Scheunen oder ähnlichen Behausungen.

Nach einigen Tagen des Zuwartens hatte sich der ergiebige Schneefall so weit beruhigt, dass ich die Sperre aufheben konnte. So konnten die Gäste nach einiger Verzögerung ihre restlichen Urlaubstage doch noch in unserem beschaulichen

Dorf verbringen. Nichtsahnend, dass ihnen bei der Heimreise genau das gleiche Procedere blühte. Aufgrund erneuter, sehr ergiebiger Schneefälle musste ich im Zuge der Sicherheit wiederum eine Straßensperre verhängen. Dadurch waren die Touristen gezwungen, ihren Urlaub zu verlängern.

Anhaltender Schneefall, der zu einer Höhe von mehr als einem halben Meter heranwächst, erhöht die Lawinengefahr immens. Dabei wird es vor allem für den oberen Dorfteil gefährlich. Es sind dort nämlich Abschnitte dabei, in denen ein Lawinenstrich durch die Straße verläuft.

Wie schon erwähnt, gibt es in kritischen Situationen unter den betroffenen Bewohnern solche, die eine akute Gefahr einfach nicht erkennen wollen und sie daher unterschätzen, während andere bereits panisch reagieren, längst bevor eine bedenkliche Schneehöhe erreicht ist.

Von einer äußerst dramatischen Begebenheit, die mir beinah das Blut in den Adern gefrieren ließ, möchte ich nun erzählen. Daran kann ich mich so genau erinnern, als ob es erst gestern passiert wäre. Dabei liegt der Vorfall bereits ca. 40 Jahre zurück.

Ein Elternpaar mit zwei Kindern hatte mich für eine Tour zum Großen Geiger (3360 m) gebucht. Der Aufstieg zum Gipfel stellte kein Problem dar und beim Abstieg führte ich die Familie über den Großen Happ (3350 m).

Wir befanden uns bereits an einer Stelle, die ohne Seil begehbar war, da die Route zunächst über Felsplatten verlief, auf die ein abschüssiger Grashang folgte, den es zu überqueren galt. Dieser Steilhang ist ca. 200 m lang und endet mit einer Felswand, die mindestens 150 m senkrecht in die Tiefe reicht. Es handelte sich dabei zwar um steiles Gelände, das nach meiner Abschätzung jedoch ein Anseilen nicht erforderlich machte. Um ganz sicher zu gehen, dass sich meine Gruppe die Überquerung besagter Wiese ungesichert zutraute, fragte ich – in erster Linie bei der Frau – nach. Meine Frage wurde seitens der Familie einstimmig bejaht und ich verließ mich natürlich auf deren Selbsteinschätzung.

Obwohl die kurz darauf entstandene lebensgefährliche Situation einmal mehr zeigte, dass die Leute einfach zu fahrlässig reagieren und sich kaum darüber im Klaren sind, dass man im Hochgebirge in Sekundenschnelle sein Leben verlieren kann, sobald man ausrutscht.

Manche würden die lauernde Gefahr wahrscheinlich nicht mal dann erkennen, wenn sie bereits am Rande eines Abgrundes stehen. Unerfahrene Wanderer denken vermutlich, Bergsteigen sei ein Kinderspiel und mit einem Spaziergang in flachen Gefilden vergleichbar.

Ich überquerte als Erster den etwas brenzligen ca. 10 m langen Steilhang. Es folgten die Kinder sowie der Familienvater. Alle drei meisterten die heikle Passage problemlos. Als dann die Frau los lief, passierte leider das, was ein Bergführer natürlich nicht erleben möchte. Sie rutschte aus und wir alle mussten hilf- und tatenlos mit ansehen, wie sie den steilen Grashang auf die Kante zur senkrecht abfallenden Wand zusauste.

Voller Entsetzen verfolgte ich das Drama, denn ich dachte im Stillen, dass die Frau nicht mehr aufzuhalten sei, sondern in ansteigendem Tempo die Steilwand hinunter in den Tod stürzen würde. Ich hatte keinen Zweifel daran, dass sie einen solchen Sturz nicht überleben konnte.

Doch wie durch ein Wunder kam sie kurz vor dem Abgrund zum liegen. Der Schreck über die Gewissheit, dass die Frau vor meinen Augen in den Tod rutschte, war mir derart in die Glieder gefahren, dass ich für einen Moment unfähig war, mich zu bewegen.

Solch eine Tragödie in meiner Seilschaft, für die ich allein die

Verantwortung trage, wäre eine absolute Katastrophe gewesen. Und dann bleibt sie – aller Logik zum Trotz - höchstens 3 m vor der Kante zur senkrecht verlaufenden Wand einfach so liegen.

Solch ein unerklärliches Glück muss man erst mal haben. Ich traute meinen Augen kaum, war jedoch unendlich dankbar und erleichtert. Das war eine ganz furchtbarer Szenerie, hilflos dabei zusehen zu müssen, wie die Touristin da „abhaut" und nichts unternehmen zu können, außer ihr auf dem Weg in den sicheren Tod nachzuschauen.

Solange eine Gruppe angeseilt ist, kann man einen Sturz wenigstens halten. Ungesichert jedoch rutschen die einem so schnell weg, dass man nichts weiter tun kann, als voller Entsetzen hinterherzuschauen und zu warten, bis sie vor deinen Augen in der Versenkung verschwinden.

Diese Tragödie ist zum Glück, wenn auch auf mir absolut unverständliche Weise, gut ausgegangen.

Nachdem die Frau zum Stillstand gekommen war, löste ich mich aus meiner Schockstarre, eilte zu ihr hinunter und schaute erst mal, ob sie sich bei der unfreiwilligen Rutschpartie verletzt hatte. Da sie „nur" über Grasgelände geschlittert war, blieb sie von jeglichen Blessuren verschont und konnte selbständig weitergehen.

Physisch war somit alles in Ordnung, doch psychisch steckte der unglaublich dramatische Zwischenfall allen Familienmitgliedern und natürlich auch mir in den Knochen, da wir der prekären Situation wie gelähmt gegenüberstanden.

Ich muss noch einmal betonen, dass es mir bis heute ein Rätsel geblieben ist, wieso die Frau, wie von einer unsichtbaren Mauer gestoppt, vor dem Abgrund urplötzlich zum Liegen kam. Man möchte fast meinen, es war eine höhere Macht im Spiel.

Ich persönlich habe aufgrund vieler negativer Erfahrungen im Laufe meines recht langen Lebens den Glauben an Gott oder

etwaige Schutzengel verloren.
Doch es steht natürlich jedem Leser frei, die geschilderte Begebenheit und deren glücklichen Ausgang auf seine Weise zu interpretieren.

Auch an dieser Stelle möchte ich mich als Autorin noch mal kurz zu Wort melden. Im Gegensatz zum Erzähler glaube ich nämlich sehr wohl an eine höhere Macht. Ich bin davon überzeugt, dass Schutzengel zur Stelle waren, da für diese Frau ein Umzug in die himmlische Wohnung noch nicht vorgesehen war.

Mit einem Gast auf dem Großvenediger
(Bildmaterial: Alois Berger)

8oer Jahre

Gipfelkreuz des Großvenedigers (3674 m) im Dezember 1982
(Bildmaterial: Alois Berger)

$\mathfrak{N}$un möchte ich auf das Kreuz am Großvenediger zu sprechen kommen, das es ohne mein Zutun höchstwahrscheinlich gar nicht gäbe. Seit November 1982 steht es nun auf dem Gipfel wie ein Fels in der Brandung.

Begonnen hatte die Geschichte damit, dass seitens eines Geistlichen ein Aluminiumkreuz gespendet wurde. Dieses lag über mehrere Jahre nutzlos auf einer Stellage im örtlichen Bauhof. Ich fragte den damaligen Bergrettungsobmann, ob er und seine Männer nicht in der Lage seien, das Kreuz endlich mal seiner Bestimmung zuzuführen. Da ich keine befriedigende Auskunft erhielt, traute sich scheinbar niemand so recht an die Sache heran.

Ich hingegen sah darin wieder eine Herausforderung und machte mir so meine Gedanken, welche Materialien am ehesten für ein Gipfelkreuz geeignet wären.

Letztendlich entschied ich mich für eine Holzvariante, ging eines abends ans Werk und sägte für mein Vorhaben erst mal eine Birke auf meinem Grundstück um. Der Umfang ihres Stammes belief sich auf ca. 20 cm. Darüber wurde der entsprechende Querbalken gelegt, beide Teile zusammengesteckt und fertig war ein stabiles, wetterfestes Gipfelkreuz.

Damit mein selbst konstruiertes Holzkreuz nicht ebenso zwecklos in irgendeiner Ecke liegen blieb wie das gesponserte Aluminiumkreuz des Pfarrers, ließ ich keine unnötige Zeit verstreichen und engagierte einen Bergrettungskollegen als Chauffeur, der mich zur Johannishütte (2121 m) taxierte. Eine Fahrstraße führte bereits hinauf, was mein Vorhaben wesentlich vereinfachte.

Ich hatte mir in den Kopf gesetzt, das Birkenkreuz noch in der gleichen Nacht zur letzten Beherbergungsmöglichkeit vor dem Gipfelaufstieg zu tragen. Da es mir allerdings unmöglich war, die Holzteile alleine zu schleppen, telefonierte ich gegen

Mitternacht von der Johannishütte zum Defreggerhaus (2962 m), um Unterstützung anzufordern. Nach kurzer Wartezeit eilte ein Freund herbei, der sich in seiner Eigenschaft als Bergführer im Defreggerhaus aufhielt.

Während ich den schweren Birkenstamm mit einem Gewicht von ca. 50 kg geschultert hatte, trug mein Kollege den um einiges leichteren Querbalken.

Am nächsten Morgen boten Matreier Bergsteiger sodann ihre Hilfe an, die Holzteile auf den Venediger zu transportieren, da sie sowieso zum Gipfel aufbrechen wollten.

Dabei trug ich den langen kiloschweren Stamm die meiste Zeit selbst, indem ich ihn auf eine sogenannte „Kraxe" gebunden und wie einen Rucksack geschultert hatte. Den Querbalken mit einem Gewicht von maximal 15 kg haben die Matreier Männer abwechselnd getragen.

Nach anstrengendem, jedoch erfolgreichem Aufstieg packten alle noch mit an, um das Kreuz zusammenzusetzen und mit einer Schraube zu fixieren. Obwohl es allein meiner Idee und Tatkraft zu verdanken war, dass vor ihren Augen plötzlich ein Gipfelkreuz stand, drängten mich die Männer zur Seite, als wäre es ihr Verdienst gewesen wäre. Die Matreier Bergsteiger nahmen mir meine Birkenkonstruktion aus den Händen, stellten sie im Schnee auf und schossen eifrig Fotobilder. Diese Euphorie erstaunte mich schon sehr, wenn man bedenkt, dass ausgerechnet die Matreier stets gegen die Aufstellung eines Venedigerkreuzes plädierten.

Fakt ist, mein Birkenkreuz stand lediglich 3 Tage, bevor es auf Nimmerwiedersehen verschwand. Ob missgünstige Bergführer oder andere Übeltäter das Kreuz den Steilhang hinunterwarfen, entzieht sich meiner Kenntnis.

Äußerst bedenklich finde ich allerdings, dass Vandalismus nicht mal vor einem Gipfelkreuz Halt macht.

Weitaus mehr als das zerstörte Kreuz, betrübte mich der damit verbundene Verlust eines kleinen persönlichen Kreuzes, das ich am Birkenstamm zusätzlich befestigt hatte.

Solch ein Kreuzchen nimmt man nach altem Brauchtum her, wenn es im Elternhaus einen Toten zu beklagen gibt und legt es den Hinterbliebenen in die Hand. Dieses Gotteszeichen wurde mir gleich 4 x übergeben, nämlich nachdem meine Eltern, die Großeltern und auch noch die Großmutter mütterlicherseits gestorben waren.

Durch die Entwendung des Gipfelkreuzes von unbekannten Dritten – die bis zum heutigen Tag nicht ausgeforscht wurden - verlor ich auch mein individuelles Erinnerungsstück unwiederbringlich.

Dieses Vorkommnis hielt mich jedoch nicht davon ab, dem Venediger sein Kreuz zu geben. Also animierte ich meine Bergrettungskollegen kurze Zeit später, das gespendete, sich noch immer im Bauhof befindliche Aluminiumkreuz, mit mir gemeinsam auf den Gipfel zu bringen. Der Transport sowie das Aufstellen dieses Kreuzes bedeutete allerdings harte Schinderei und kostete uns jede Menge Schweiß.

Da für eine sichere Befestigung des Kreuzes kein bzw. zu wenig Schnee vorhanden war, mussten wir einen Sockel mit ca. 1,50 m Höhe konstruieren und mit dem Aluminiumteil verschrauben. Unterhalb der Sockelstahlplatte befinden sich zudem noch zwei massive Holzbohlen. Die komplette Konstruktion hat ein ziemliches Gewicht, damit ein stabiler Stand gewährleistet ist.

Ursprünglich wollten wir das Kreuz direkt am Gipfel aufstellen, zu dem nur ein äußerst schmaler Grat führt. Da Touristen bekanntlich von Gipfelkreuzen magisch angezogen werden, war ich von der Idee nur wenig begeistert. Ich teilte den Kameraden meine Bedenken mit und sagte zu ihnen: „Wenn alle Leute diesen schmalen Pfad beschreiten, um zum Kreuz zu gelangen, passieren nur Unglücke!"

Also fand das Gipfelkreuz letztendlich seinen Platz vor Beginn des Übergangs.

Das Aufstellen des Kreuzes erfolgte im November 1982 und als ich um die Weihnachtszeit noch mal alleine aufstieg, war es schon beinah völlig eingeschneit.

Im Mai 1983, also nur 6 Monate später, stieg ich gemeinsam mit einem Kollegen erneut zum Venedigergipfel auf. Wir mussten das Kreuz anhand unserer Lawinensonden orten, da es aufgrund der extremen Schneemengen überhaupt nicht mehr zu sehen war.

Mir gefiel der Standort nicht sonderlich gut und daher fasste ich den Entschluss, das Kreuz doch direkt am Gipfel aufzustellen. Damit es für ungeübte Gipfelkreuzstürmer ungefährlicher wird, machte ich mich zunächst alleine an die Arbeit, das Eis des extrem schmal verlaufenden Grats so weit abzuschlagen, dass der Pfad anschließend immerhin eine Breite von 1,50 m aufwies.

Nach dieser Schinderei stieg ich am darauffolgenden Tag in Begleitung eines Kameraden erneut auf, um das Kreuz mit seiner Hilfe über den Grat auf die Gipfelseite zu hieven. Dort stand es bis in die 90er Jahre recht gut. Jedoch wurden vor allem die Sommer immer wärmer, sodass der Venediger abtaute. Obwohl wir während der heißesten Monate immer wieder die Stabilität prüften und bei Bedarf Schnee an den Sockel schaufelten, mussten wir das Kreuz letztendlich doch ein Stück weiter nach unten versetzen und mit Steinen beschweren.

In den letzten 10 Jahren schrumpfte der Venediger, bei dem es sich um einen sogenannten Schneegipfel handelt, aufgrund der warmen Sommermonate nämlich sicherlich um beachtliche 10 Meter.

In diesem Zusammenhang sei erwähnt, dass ein imposantes Kreuz seitens eines Wiener Ehepaares für das Rainerhorn (3559 m) gestiftet wurde. Es stand fix und fertig bei der Gemeinde und wartete nur noch auf die Errichtung eines

Fundaments. Das wäre keine große Sache gewesen, doch leider kam es dazu nicht. Die Aufstellung des Kreuzes wurde nämlich von den Verantwortlichen des Alpenvereins aus mir unerklärlichen Gründen untersagt. Somit ging das Kreuz nicht zum Rainerhorngipfel, sondern wieder zurück nach Wien. Glücklicherweise verhalfen wir dem Großvenediger zu seinem Kreuz, bevor zuständige Behörden bzw. Vereine ihre strengen Richtlinien ins Leben riefen. Gegenwärtig dürfte man kein Gipfelkreuz mehr aufstellen. Niemals!

Auch wenn es beinah 40 Jahre zurückliegt, kann ich mich noch gut an einen Vorfall erinnern, bei dem es primär um meine Schwester Leni ging.

Eines schönen Tages bestieg ich gemeinsam mit meinen Schwestern und einer Schwägerin den Eichham (3371 m). Zunächst marschierten wir von zuhause aus ins Eichhamtal und weiter zur Eichhamscharte. Nachdem eine der Damen zum Gipfel hinaufgeschaut hatte, beschloss sie, nicht mitzugehen und lieber bei der Scharte auf unsere Rückkehr zu warten.

Somit stieg ich mit nur drei Frauen im Schlepptau auf. Da seinerzeit auf dem Weg nach oben keine Haltestifte bzw. -seile befestigt waren, galt die Tour noch als anspruchsvolles Unterfangen, das wir jedoch problemlos meisterten.

Beim Abstieg wählten wir ab der Eichhamscharte eine Route, die über das Nilkees führte. Dieser Weg bestand aus blankem Eis und wie auch immer es meine Schwester Leni angestellt hatte, verhakten sich ihre Steigeisen ineinander.

Da ich die Damen führte, bekam ich von dem Dilemma, das sich hinter meinem Rücken abspielte, allerdings zunächst nichts mit.

Erst als ich ein seltsames Geräusch vernahm und Leni, die ihre Füße nicht mehr auseinanderbrachte, auf mich zuschlittern sah, erkannte ich die Gefahr. Eines der Steigeisen hatte sich mit einem Zacken in den Ring des anderen Steigeisens verhakt, brachte meine Schwester dadurch zu Fall und so rutschte sie haltlos über den eisigen Abhang. Glücklicherweise reagierte ich blitzschnell und fing sie noch rechtzeitig ab.

Wäre ich nicht vor ihr gelaufen, hätte sie diesen Ausrutscher garantiert mit dem Leben bezahlt.

So ist nochmal alles gut gegangen und außer ein paar Abschürfungen sowie einem gehörigen Schrecken trug Leni keine gröberen Verletzungen davon.

Für mich war ihr Sturz mit anschließender Rutschpartie natürlich ein grausamer Anblick. Um so mehr Erleichterung verspürte ich, nachdem ich sie abgefangen hatte.

Wozu wäre ich auch sonst bei einer Bergtour dabei, wenn nicht als aufmerksamer Beschützer.

Die weitere Route führte uns zur Wunalm hinunter und von dort aus marschierten wir über die Bodenalm Richtung Grießeralm. Wer diese Tour kennt, weiß, wie weit wir an diesem Tag gelaufen waren. Daher ließen wir uns bei der Grießeralm mit dem Auto abholen und nach Hause fahren.

Im Nachhinein dachte ich mir, es wäre viel klüger gewesen, über die Bonn-Matreier-Hütte (2750 m) zum Säulkopf (3209 m) zu gehen, anstatt den endlos steilen Weg querfeldein über Geröll und Steine zum Eselsrücken.

Vom Eselsrücken führt ein Pfad in Zickzackform hinauf, der so treffend als „Reißverschluss" betitelt wurde. In dessen Verlauf befinden sich ca. 20 Kehren, die wohl für diese Namensgebung Pate standen. Besagter Reißverschlussweg ist in Wanderkarten auch als solcher eingezeichnet.

Ich möchte im Anschluss von einer Frau berichten,

die mir ebenfalls in guter Erinnerung geblieben ist. Wenn auch keine Gefühle im Spiel waren, so hinterließ sie dennoch einen bleibenden Eindruck.

Diese überaus bemerkenswerte Frau war so um die 50 Jahre alt und buchte mich als Bergführer.

Bevor wir gemeinsam loszogen, sagte sie noch, sie wäre zwar nicht in bester körperlicher Verfassung, doch es würde wohl gehen.

Am Vormittag waren wir auf einer ersten schwierigen Tour zur östlichen Simony (3481 m) unterwegs, für die man üblicherweise mehr als 4 Stunden benötigt. Mit der „fliegenden Holländerin" schaffte ich den Aufstieg allerdings in nur 2 Stunden. Aufgrund ihrer Schnelligkeit, die mich in totales Erstaunen versetzte, meisterten wir noch zwei weitere, sehr schwer zu erklimmende Berge an einem einzigen Vormittag. Nämlich die westliche Simony (3473 m) und die Dreiherrenspitze (3499 m).

Ja, dieses außergewöhnliche weibliche Wesen imponierte mir durch ihre flinke Fortbewegung in der Tat so gewaltig, dass ich Ihr die Bezeichnung „fliegende Holländerin" verlieh.

Ein deutsches Ehepaar aus Hannover, das mehrfach seinen Wanderurlaub in Prägraten verbrachte, äußerte den Wunsch, gemeinsam mit mir den Mont Blanc (4810 m) zu besteigen. Ich sollte ihnen in meiner Funktion als Bergführer zur Seite stehen, damit sie sich diesen langgehegten Traum erfüllen könnten. Da der höchste Alpenberg, der zwischen Frankreich und Italien zu finden ist, auch für mich eine interessante Herausforderung darstellte, kam ich der Bitte gerne nach.

Am Fuße des Mont Blanc liegt der Ort Chamonix auf ca. 1000 m. Mir fiel sofort auf, wie heiß es dort war, ein geradezu tropisches Klima. Ich fragte mich, wie so etwas möglich sein kann, nachdem sich quasi direkt daneben der Gletscher bis auf 1.300 m erstreckte. Da der Kees so weit hinunterreichte, wurden dort in regelmäßigen Abständen Eisübungen durchgeführt.

Bei uns hier würde der Gletscher aus dem Tal herausschauen, da ja mein beschauliches Heimatdorf ebenfalls auf 1300 m liegt.

Bis zu diesem Zeitpunkt hatte ich mit den Beiden bereits etliche Gipfelbesteigungen in den Osttiroler Alpen durchgeführt und dabei stets einen Teil ihres Gepäcks getragen, um ihnen das Gehen zu erleichtern.

Für die Mont Blanc-Begehung verweigerte ich allerdings die Funktion des Packesels und da sie mich baten, einen Träger zu organisieren, nahm ich für die verabredete Tour einen jungen Kollegen von gerade mal 17 Jahren mit.

Wir trafen uns mit dem Ehepaar in Chamonix, um von dort aus gemeinsam den Mont Blanc-Gipfel zu erklimmen.

Kurz vor dem ersehnten Ziel befindet sich ein ca. 800 m bis 900 m langer Grat aus Schnee und Eis. In dieser luftigen Höhe blies ein entsprechend starker Wind und die Frau streifte aus mir unerfindlichen Gründen einen Handschuh ab. Dieser wurde sogleich von einer Windböe erfasst und flog davon. Damit ihr durch die Unvorsichtigkeit nicht die Finger abfroren, gab ich ihr ein Paar Reservehandschuhe, die in meinem Rucksack auf ihren Einsatz warteten.

In einer Höhe von 4400 m steht eine kleine Hütte, an deren Außenwand Anzeigen für Temperatur, Feuchtigkeit und Windmessung angebracht sind. Auf dem Thermometer las ich minus 50° C ab. Das klingt extremer als man es in dieser Höhe empfindet, da die Luftfeuchtigkeit sehr gering ist.

Anschließend schafften wir es ohne weitere Vorkommnisse auf den Gipfel und genossen glückselig die atemberaubende Aussicht. Während ich fasziniert die unglaubliche Weite betrachtete, stieß mich mein Kollege an und meinte:" Schau dir mal die Frau an, was die für ne Nase hat."

Die Gäste trugen zwar die teuerste Funktionskleidung, doch an einen Nasenschutz gegen die extreme Kälte hatten sie nicht gedacht. Das hatte Erfrierungen zur Folge, die sich als unschöner, dunkel gefärbter Zinken in ihrem Gesicht bemerkbar machten. Das sah wahrlich nicht gut aus und ich dachte mir: „Oje, oje, da fehlt es ja schon hausweit".

Hätte man ihre Nase mit dem Handschuh berührt, wäre sie womöglich abgefallen. Ohne Zweifel war das Riechorgan der Frau steifgefroren.

Nachdem auch der Ehemann bemerkte, dass mit der Nase seiner Frau etwas nicht stimmte, bekam er Panik und sagte ganz aufgeregt: „Alois, schau dir mal meine Frau an. Wir müssen schnell hinunter laufen."

Na, der Gute hatte vielleicht Vorstellungen. Die Mont Blanc-Tour war ja kein Spaziergang. Es ging nicht schneller hinunter als hinauf. Auf dem schmalen Grat in extremer Höhe konnte man sich nur langsam fortbewegen. Geht man zu schnell, könnten schlimmstenfalls Erstickungsanfälle drohen.

Ein Abstieg gestaltet sich sogar fast noch schwieriger als ein Aufstieg, da man immer wieder bremsen muss.

Nach erfolgreicher Begehung des Mont Blanc-Gipfels und wohlbehaltener Rückkehr ins Tal verbrachten wir alle vier noch zwei Tage in Chamonix, um unseren „Ausflug" gebührend zu feiern.

Die Veränderungen der Frauennase wurden in aufgetautem Zustand immer gravierender, sie war nämlich schon ganz schwarz und eitrig. Das sah entsetzlich aus. Doch ich kümmerte mich nicht weiter darum, denn immerhin war der Gast Arzt und seine Frau Apothekerin. Wenn die sich da nicht zu helfen wissen, ja wer dann?

Ein oder zwei Jahre später kamen beide wieder zu Besuch nach Prägraten und ich war erstaunt darüber, dass man von der erfrorenen Nase der Frau überhaupt nichts mehr erkennen konnte. So wie die mit den Erfrierungen ausschaute, hätte ich nicht geglaubt, dass sich das so gut reparieren lässt. Um wieder so makellos auszusehen, musste die kaputte Haut weggenommen und mit neuer Haut überzogen werden. Das dürfte für ihn als Arzt ja ein Kinderspiel gewesen sein.

Wenn der Winter Einzug hält und viel Schnee im Gepäck hat, ist die Lawinengefahr entsprechend hoch. Doch auch schon bei geringeren Mengen können z. B. im Umkreis der Clarahütte, die sich in einer äußerst gefährlichen Lawinenbahn befindet, jederzeit Schneebretter auf den Weg ins Tal machen. Wenn dies passiert, rutschen die Schneemengen auch gerne mal bis in die Isel, sodass der Bach gestaut wird. Ich kann mich sehr gut an den Winter 1985 erinnern, in dem genau dieser Fall eintraf.
Eine Lawine gewaltigen Ausmaßes ging zur Clarahütte ab und blieb – wie auch der geringe Wasserstand der Isel - zunächst unbemerkt.
Eine Touristin, die im Frühjahr von einer Besteigung des Rotspitzgipfels (3053 m) zurückkam, erwähnte gegenüber dem Pebellalmwirt, unweit der Clarahütte befände sich ein großer Stausee.
Da sich nach Ortskenntnis der Einheimischen dort kein See befindet, wurde den Worten der Wiener Gastfrau erst mal keine weitere Beachtung geschenkt. Dennoch kam es den Leuten komisch vor, dass jemand einen See zu sehen glaubte, der gar nicht existieren dürfte. Also machte sich eine Gruppe Einheimischer auf den Weg, um nachzuschauen. Tja und dann sahen sie die Bescherung mit eigenen Augen.
Wassermassen stauten sich in Höhe der Ochsnerhütte und hatten sich auf eine halbe Million Kubikmeter ausgeweitet.

Ursache für den gigantischen See war ein Lawinenabgang von der Flanke des Großschobers, der bis in den Bach reichte.

Diese Unheil anrichtenden Schneemassen werden als „Hainerlane" (benannt nach dem Gebiet) bezeichnet.

Nun war guter Rat teuer, wie man den Stau beseitigen sollte, ohne dass die daraufhin ins Tal schießenden Wassermassen eine Katastrophe auslösen würden. Zunächst zog man eine Sprengung der im Bach befindlichen Schneemassen in Erwägung. Doch um einen Lawinendamm vor dem Wasserstau in die Luft zu jagen, bräuchte es utopische Mengen Dynamit. Denn mit beispielsweise 100 Kilo Sprengsatz detoniert etwa höchstens ein Kubikmeter Schnee. Damit war die Sprengidee schnell wieder vom Tisch.

Meiner Meinung nach gab es nur eine Alternative: Schnellstmögliche Evakuierung der Pebell- und Islitzeralm, bevor der Damm von selbst bricht. Die Wirte und deren Personal befanden sich zu der Zeit nämlich gerade in ihren Jausenstationen, um alles für die Saisoneröffnung am darauffolgenden Tag vorzubereiten.

Nachdem die Lawine den Bach schon mehrere Tage staute, hätte der Damm jederzeit brechen und die ahnungslosen Almenbesitzer sowie Touristen, die bereits in ganzen Rudeln die Umbalfälle stürmten, mit sich reißen können.

Gegen 22.00 Uhr, als zum Glück bereits alle Gäste wie auch Hüttenbetreiber das gefährdete Gebiet längst verlassen hatten, geschah dann das Unglück.

Der oberste Teil des Lawinendammes brach und die Wassermassen schossen aus dem Umbaltal heraus in Richtung Dorf. Dabei ist erwähnenswert, dass vor der für den Stausee verantwortlichen Lawine, bereits eine kleinere Lawine bis in den Bach reichte und diesen Schneeberg nahm das tobende Wasser gleich mit. Die Fluten hatten, als sie in Hinterbichl und Prägraten ankamen, noch eine solch unbändige Kraft, um alle Brücken, bis auf eine, mitzureißen.

Die ersten Häuser, die der tosende Wildbach erreichte, waren natürlich die beiden zuvor genannten Almen. Die Islitzeralm war zu jener Zeit relativ neu erbaut und wurde innerhalb von Sekunden wieder dem Erdboden gleich gemacht. Fensterstöcke und Türrahmen dieser Hütte fand man im Kärntner Wörthersee wieder!

Von dem Wanderweg, der von Ströden zu den Almen führte, war überhaupt nichts mehr zu sehen. Weit und breit erblickte man nur noch Schnee- und Erdmassen; die Bilderbuchlandschaft wich einem Ort der Verwüstung.

Dabei hatte die Pebellalm aufgrund ihrer etwas erhöhten Lage noch Glück im Unglück, denn von diesem Gebäude wurde „nur" ein Stück herausgerissen.

Das war eine gewaltige Naturkatastrophe, die zwar immensen Sachschaden verursachte, doch glücklicherweise kein Menschenleben forderte.

Zu dem Zeitpunkt des Unglücks befand ich mich im Krankenstand, da ich einen Gipsfuß hatte. Das hielt mich jedoch nicht davon ab, zur Pebellalm zu humpeln und mir selbst ein Bild vom Ausmaß der Zerstörung zu machen.

Auf dem Weg zur Lasnitzenalm steht eine Gedenktafel, um an den Absturz eines Einheimischen zu erinnern. Das Unglück geschah auf dem Nachhauseweg einer Tanzveranstaltung, die auf jener Alm stattfand. Der Verunglückte war dafür als Ziehharmonikaspieler engagiert. Mich hatte dieses Fest nicht interessiert und daher blieb ich zuhause.

Um Mitternacht kam dann ein Einsatzanruf von der Bergrettung, auf dem Lasnitzenweg sei ein Mann abgestürzt.

Ich schnappte eiligst meine Ausrüstung und machte mich gemeinsam mit meinen Kollegen auf den Weg, um den

Verunglückten zu suchen. Als Orientierungshilfe bekamen wir die Mitteilung, dass er am First abgestürzt war. Damals verlief der 2 m breite Weg noch weitaus kurviger, als die heutige Straße.

Wie es zu dem Absturz kam, möchte ich nun erzählen.

Nachdem die Tanzveranstaltung beendet war, trat eine Gruppe von 5 bis 6 Männern gemeinsam in der bereits vorherrschenden Dunkelheit den Heimweg ins Dorf an. Lediglich der Vorderste dieser Truppe trug ein Licht, nach dem sich alle weiteren Mitläufer orientierten. Der Verunglückte lief als Letzter und schaute wohl mehr auf die weiter vorne brennende Leuchte als auf den Boden. Fatalerweise übersah er, dass der Weg einen Bogen machte und ging, das Licht fixierend, geradeaus weiter. Dadurch fiel er in den Abgrund, der senkrecht in eine Schlucht führt.

Wir von der Bergrettung wussten zwar, wo sich die Absturzstelle befand, kamen jedoch vom Weg aus nicht hinunter. Uns blieb also nichts anderes übrig, als bis zur Lasnitzenalm zu laufen, um von dort aus zu der Stelle zu gelangen, in der wir den Menschen finden würden.

Außer unserem Einsatzteam liefen noch eine Menge anderer Leute mit, die da eigentlich gar nichts verloren hatten.

Die Lasnitzen ist ja eine Klamm und in der Schlucht befand sich Lawinenschnee, von dem niemand sagen konnte, wie tragfähig dieser noch war.

Die nicht zur Rettung ausgebildeten Personen krabbelten in ihrer Euphorie, den Mann noch lebend bergen zu können, umher wie die Ameisen.

Der älteste Sohn des Verunglückten wollte gar direkt vom Weg aus in die Schlucht absteigen. Es war gar kein einfaches Unterfangen, diesen Wahnsinn zu verhindern.

Die um mich herumwuselnde Meute versuchte ich, so gut als möglich auszublenden, stieg im Beisein eines Kollegen auf einen Felsvorsprung und dort fanden wir ihn dann. Der

Musikant, der ein paar Stunden zuvor noch fröhlich aufge-
spielt hatte, war leider bereits tot.

Wir seilten den Leichnam zu den anderen Kameraden auf den
Lawinenschnee ab, der nach meiner Einschätzung höchstens
noch 10 cm Dicke aufwies. Wäre der Schneehaufen unter der
Last viel zu vieler Personen, die sich zum Zeitpunkt der Bergung darauf tummelten, eingebrochen, hätte der darunter
befindliche Bachverlauf alle mitgerissen ohne jegliche Chance
auf Rettung.

Für meine Kollegen und mich bestand die nächste Herausforderung im Abtransport des Leichnams.

Bei der Alm fanden wir eine Axt, mit der wir eine provisorische
Holztrage aus kleinen Baumstämmen zimmerten. Der Tote
wurde mit Seilen fixiert und ins Dorf zum Schulplatz getragen.
Der zuständige Arzt gab uns telefonische Anweisung, dort auf
ihn zu warten. Er wollte zunächst alleine auf den Bichl, um die
Witwe auf den Schock der traurigen Nachricht vorzubereiten
bzw. ihr entsprechende Beruhigungsmittel zu verabreichen.

Erwähnenswert ist bei der tragischen Geschichte auch noch,
dass sich diese im Sommer ereignete. Entsprechend überra-
schend war es demnach, dass im Ort an dem Tag 20 cm Neuschnee lagen. Solch ungewöhnliche Wetterkapriolen kommen zwar selten vor, doch in unseren Gefilden ist man vor
Schnee und Kälte eigentlich zu keiner Jahreszeit sicher.

Nach einer halbstündigen Wartezeit kam der Doktor zu uns
und in seinem Beisein trugen wir den tödlich verunglückten
Ziehharmonikaspieler nach Hause.

Wie bereits in anderen Geschichten erwähnt, kann ich auch
an dieser Stelle nur einmal mehr sagen, dass es eine ganz
furchtbare Aufgabe ist, tödlich verunglückte Personen zu ihren Familien zu bringen.

Früher war es die Regel, Verstorbene in ihren Häusern aufzu-
bahren, während dies heutzutage eher die Ausnahme ist.

Schlimm genug, einen geliebten Menschen nur noch tot zu

Gesicht zu bekommen. Wesentlich grausamer ist es, wenn der Körper nach einem solchen Absturz entsprechend entstellt ist.

Vor ca. 40 Jahren stieg ich einmal mehr zum Venedigergipfel auf. An jenem Tag allerdings nicht mit Gästen, sondern mit noch sehr jungen Bergführerkollegen. Ich erinnere mich daran, dass es unbeschreiblich kalt war und die Wetterbedingungen auch sehr zu wünschen übrig ließen. Dennoch stiegen wir bis zum Gipfelkreuz, wie das Foto zu Beginn des nächsten Jahrzehntes zeigt.

Beim Abfahren mit den Skiern eilten mir die Kollegen über den deppaten Schnee bereits voraus. Ich nahm eine etwas andere Strecke in Angriff, indem ich Richtung Westen auswich. Der Schnee war dort nicht so tief und die mir zum Verhängnis werdende Gletscherspalte erkannte ich sehr wohl. Allerdings rechnete ich damit, die vor mir liegende Kluft sei stabil genug, um schnell darüber hinwegzugleiten.

Wie ich Sekunden später feststellen musste, war sie es zu meinem Leidwesen nicht, denn ich fiel tatsächlich hinein. Meine Skier verkeilten sich glücklicherweise unmittelbar nach dem Sturz derart, dass mein Fall sofort abgefangen wurde.

Allerdings hing ich Kopfüber in dem Gletscherriss wie eine schlafende Fledermaus. Diese blöde wie ungünstige Position vereitelte die Möglichkeit, mich aus meiner Misere selbst befreien zu können.

Zwangsläufig schaute ich also weiter ins Verderben, denn die Spaltentiefe schätzte ich auf mindestens 100 m. Vorsichtig unternahm ich den Versuch, mich zu bewegen. Doch ich erkannte schnell, dass dies keine besonders glorreiche Idee war. Sobald auch nur der kleinste Ruck erfolgte, gaben die Holzbretter an meinen Füßen sofort nach. Ich war zwar mit einem kleines Seil ausgerüstet, doch das hatte ich schlauerweise im Rucksack verstaut. Auf Hilfe seitens meiner Kollegen brauchte ich schon gar nicht zu hoffen, da diese ja allesamt bereits Richtung Rainertörl abgefahren waren. Meine einzige Chance auf Rettung sah ich in den Mitgliedern einer sportbegeisterten einheimischen Familie, die nach uns auf den Venediger gestiegen waren. Das bedeutete, sie müssten noch vorbeikommen.

Das Wetter war miserabel und ich hoffte inständig, die Truppe würde bald auftauchen und mich aus meiner prekären Lage befreien.

Ich hing also da so in der Gletscherspalte herum und wartete. Nach einer gefühlten Ewigkeit konnte ich Stimmen vernehmen und freute mich auf meine Rettung.

Doch so plötzlich ich das Herannahen meiner vermeintlichen Retter registrierte, so schnell waren sie dann auch an mir vorbeigefahren. Anstatt mir zu Hilfe zu eilen, ließen sie mich einfach hängen. Das bedeutet, sie haben mich nicht gesehen.

Da mit der Familie meine letzte Hoffnung in Windeseile an mir vorbeigesaust war, wusste ich mir keinen Rat mehr.

Während langsam aber sicher mehr und mehr Panik in mir aufstieg, vernahm ich erneut Stimmen. Das Gemurmel wurde lauter und kurz darauf tauchte neben mir ein Seilersatz auf, der aus 4 oder 5 zusammengeknoteten Skistöcken bestand. Daran hielt ich mich fest und wurde aus der Spalte gezogen. Meine jungen Kollegen, die weiter unten vergeblich auf mich gewartet hatten, kamen zurück und retteten mir das Leben. Dank ihrem kameradschaftlichen Verhalten kam ich noch einmal mit dem Schrecken davon.

Mindestens eine Woche lang musste ich Hohn und Spott über mich ergehen lassen, nachdem ausgerechnet ich als versierter wie erfahrener Venedigerführer selbst Opfer eines Spaltensturzes geworden war.

Die Angelegenheit mag sich im Nachhinein spaßig und

harmlos anhören. Doch meine Unvorsichtigkeit wäre beinah tödlich ausgegangen, hätten sich meine Skier nicht verkeilt. Ohne meine treuen Kameraden würde ich vielleicht heute noch wie eine tiefgefrorene Fledermaus in der Spalte hängen.

Wieder suchte eine Lawine unser Dorf heim und riss in ihrer Zerstörungswut den kleineren Skilift, der flach auf den Bichl führt, gnadenlos mit sich.

Der Schneetsunami löste sich in der Nacht von der Kreuzspitze und verebbte erst, als er bei der Isel angekommen war.

Alles lag wie Kraut und Rüben durcheinander und wir von der Bergrettung machten uns an die Arbeit, die Einzelteile des Lifts zu suchen und einzusammeln. Die große Umlenkscheibe, die einen Durchmesser von ca. 2 m aufweist, konnten wir allerdings zunächst nicht finden. Erst nachdem wir nochmals einige Kameraden zusammengetrommelt und mit Sonden ausgestattet hatten, wurden wir fündig.

Überraschenderweise blieb das riesige Teil völlig unversehrt, lediglich das daran befestigte Seil wurde abgerissen und weggeschleudert.

Jene Umlenkscheibe ist noch heute bei der Bergstation des kleinen Bichllifts im Einsatz.

Glücklicherweise sind bei jenem letzten großen Lawinenabgang keine Menschen zu Schaden gekommen. Es entstand lediglich Sachschaden, dessen Ausmaß ebenfalls überschaubar blieb.

Die Bewohner des oberen Dorfabschnitts werden bei länger andauerndem, starkem Schneefall verständlicherweise immer nervös, eine Lawine könnte sich lösen.

Erst im letzten Jahr, also 2018, gab es wieder eine grenzwertige Situation, die ohne weiteres hätte gefährlich werden können. Es schneite an manchen Tagen mehr als 50 cm, was allerdings gerade noch verträglich ist. Sobald die Neuschneemenge jedoch die 1 m-Marke erreicht, wird es brenzlig.

Nun möchte ich von einem der spektakulärsten Fälle meiner Bergführerlaufbahn berichten, der ziemlich abenteuerlich verlief.

Eines Tages saß ich gemeinsam mit meiner Mutter und meinen Geschwistern vor dem Haus, als ein Mann auf mich zukam. Er hatte gehört, dass ich mit einer Touristengruppe die Besteigung der Dreiherrenspitze (3499 m) plante und fragte nach, ob er mit seiner Frau hinter mir und meiner Gruppe hergehen dürfte. Meine Antwort lautete nur: „Von mir aus genug."

Der Mann konnte es dann doch nicht erwarten, bis meine drei Herren in der Früh abmarschbereit waren. Während wir noch beim Frühstück saßen, machte er sich mit seiner Frau bereits auf den Weg. Die Beiden hatten höchstens eine halbe Stunde Vorsprung, als auch wir noch bei Dunkelheit loszogen, da der Zielberg ziemlich weit entfernt liegt.

Als wir das Pärchen eingeholt hatten, musste ich den ungeduldigen Touristen erst mal aus der Wand holen, da er sich bereits zu dem Zeitpunkt schon schwer verstiegen hatte.

Bevor ich den Aufstieg in Angriff nahm, seilte ich meine drei Männer und mich an. Der Typ, der ja mit seiner Frau lediglich hinter uns hersteigen wollte, seilte in mindestens 10 m Entfernung dann sich und seine Frau an. Wir bildeten demnach zwei getrennte Gruppen. Meine zählte mit mir eine 4er-Seilschaft, während der Tourist mit seiner Angetrauten eine 2er-Seilschaft darstellte.

Ich hab mich um das Paar nicht weiter gekümmert, denn die Leute gingen mich ja auch nichts an.

Beim Reggentörl angekommen, legten wir eine kurze Pause von höchstens 15 Minuten ein, um sodann den Umbalkees zu überqueren. Dieser zieht sich nicht unerheblich in die Länge und man stiefelt etwa 1,5 Stunden weitestgehend in gleicher Höhe, bevor es dann steil hinaufgeht. Vor Inangriffnahme der Steilwand gönnte ich meiner Gruppe abermals eine kurze Rastzeit. Obwohl ich für das nachlaufende Ehepaar keinerlei Verantwortung trug, bot ich dem Mann meine Hilfe an, nachdem ich ihn darüber aufgeklärt hatte, dass die weitere Tour über einen nicht leicht zu bezwingenden Bergschrunt führt.

„Ach" meinte er, „das machen wir schon alleine, das schaffen wir!"

Daraufhin ließ ich ihn stehen und kletterte mit meiner Gruppe über besagte heikle Stelle, um auf der anderen Seite jener Eisscharte eine weitere Steilwand zu erklimmen. Anschließend führt die Route noch mal in flachere Gefilde, bevor man nach weiteren ca. 1,5 Stunden den Gipfel erreicht.

Während ich mit meinen Gästen längst die Aussicht genoss, kam das Ehepaar eine ganze Weile nicht bei.

Nach ca. einer Stunde, die ich mit meinen Gästen auf der Dreiherrenspitze verbrachte, tauchten sie dann plötzlich auf. Jedoch kamen diese „Spezialisten" aus einer völlig falschen Richtung daher. Das konnte für mich nur bedeuten, dass sie sich vor besagtem gefährlichen Schrunt verstiegen hatten oder erst gar nicht drüber kamen. Demzufolge mussten die Beiden wohl schrägt an der Wand entlang gegangen sein.

Ich befürchte, dass meine Schilderung nur jenen Leuten verständlich sein wird, die das beschriebene Gebiet bereits bewandert haben.

Nachdem das Paar dann auch endlich den Gipfel gestürmt hatte, sagte die Frau sofort zu mir: „Beim Absteigen verlasse ich dich keinen Meter mehr!"

Anscheinend bescheinigte sie ihrem Mann nicht genügend Bergsteigerqualitäten, um sie wieder sicher ins Tal zu bringen.

Grinsend bot ich den Leuten ein Stamperl Cognac an und die Frau gab eine Runde Schokolade aus. Bevor wir den Abstieg antraten, betonte sie nochmals, dass sie mich auf keinen Fall mehr verlassen würde.

Wie auch schon beim Aufstieg ging ich voraus, meine Gäste hinter mir, dahinter lief sogleich die Frau, gefolgt von ihrem Mann.

Als wir einen Grat erreichten, der oben noch flach verläuft, dann jedoch 3 m senkrecht in Schnee und Eis abfällt, stoppte ich meine Truppe erst mal. In meiner unmittelbaren Nähe stand der Ehemann, dessen verbleibendes Sicherungsseil neben ihm lag. Da es ein wenig zugig auf der Kante war, sagte er zu seiner Frau: „Hier ist es ja so kalt, geh nur zu, geh hinunter." In dem Moment dachte ich mir noch, wenn sie tatsächlich auf Verheiß ihres Mannes da absteigt, passiert ein Unglück. Ich konnte mir beim besten Willen nicht vorstellen, dass die Frau ausreichend Geschicklichkeit besaß, an dieser prekären Stelle senkrecht hinunterzuklettern. Vorsichtshalber hatte ich bereits einen Rückversicherungsstand für mich und meine Gruppe gebaut, der im Fachjargon als „toter Mann" bezeichnet wird. Dafür gräbt man ein Kleidungsstück oder einen Rucksack im Schnee ein, verbindet dieses Utensil mit einem kleinen Seil und hängt dann das Hauptseil daran. Diese schnell verankerte Konstruktion ist erstaunlich stabil, sodass sie bei einem Sturz nicht so leicht herauszureißen ist. Geistesgegenwärtig schnappte ich in dem Moment, als die Frau tatsächlich im Begriff war, der Aufforderung ihres Mannes Folge zu leisten, das Ende dessen angehäuften Seils, um sie zu sichern. Kaum hatte sie den ersten Schritt gewagt, rutschte sie auch schon aus und fiel in die Senkrechte. Zunächst konnte ich sie abfangen, bis es einen Zug gab und das Seil Sekunden später plötzlich locker wurde. Dass kein Widerstand mehr zu spüren war, bedeutete nichts Gutes. Nach dem kurzen Ruck am Seil trat gespenstische Stille ein. Ich machte ein paar Schritte auf den Abgrund zu, um hinunterzuschauen und musste hilflos mitansehen, wie die arme Frau während ihres unaufhaltsamen Falls immer wieder vergeblich versuchte, sich mit dem Pickel im Eis einzuhacken. Sie rutschte weiter in eine Lawinenrinne und stürzte dann mit unglaublicher Wucht in die Tiefe.

Es stellte sich mir die Frage, wie sich das Seil überhaupt lösen konnte, denn es war nicht gerissen.

Allerdings fiel mir während des Abstiegs schon auf, dass die Touristin immer wieder an ihrem Brustgurt zerrte. Ich nehme mal an, ihr Mann hatte diesen zu eng geschnürt und durch das ständige herumfingern musste sich der Knoten gelockert haben.

Zur damaligen Zeit befestigte man den Brustgurt noch mit einem kleinen Strick, um den Karabiner einzuhängen.

Der Ehemann schrie neben mir aus Leibeskräften: „Alois, ich muss da gleich hinunter und schauen, wie es meiner Frau geht!" Der war völlig von Sinnen und ich musste meine ganze Autorität aufwenden, um ihn zurückzuhalten. Ich erklärte sowohl dem aufgelösten Mann als auch meiner Gruppe, dass ich alleine hinuntergehen würde und sie alle sollten während meiner Abwesenheit unbedingt dort bleiben, wo sie waren.

Dann machte ich mich an den Abstieg und hoffte inständig, dass keiner von denen da oben doch noch auf die wahnsinnige Idee kam, mir zu folgen.

Damit mich nicht das gleiche Schicksal ereilte, wie diese bedauernswerte Frau, hackte ich vor jedem Schritt mit dem Pickel große Stufen bzw. Löcher ins Eis der senkrechten Wand.

Diese Maßnahme ergriff ich schon allein deshalb, weil ich ja für die Sicherheit der Gruppe verantwortlich war und die Männer später ebenfalls über diese gefährliche Wand absteigen mussten.

Jene von mir als Kardinalsstufen betitelten Trittlöcher kamen bereits in einer früheren Geschichte vor, sofern sich der Leser daran erinnert.

Wie schon erwähnt, stieg ich zunächst erst mal alleine zu der abgestürzten Frau hinunter, die ich direkt am Aufstiegsweg vorfand. Sie lag in der Felswand, schaute mich noch kurz an und verstarb. Da ihr ein Stück vom Kopf fehlte, konnte sie den Absturz nicht überleben.

Auf die Schnelle errichtete ich eine provisorische Mauer, damit sie, falls sie sich wider Erwarten doch noch ein wenig bewegen sollte, nicht weiter abstürzen konnte. Anschließend kletterte ich wieder hinauf zu meinen drei Gästen und dem Ehemann, um die Nachricht zu überbringen, dass die Frau tot in der Wand liegt. Das hat er mir in seinem Schockzustand nicht glauben wollen. Also sind wir allesamt gemeinsam abgestiegen und ich habe den völlig verzweifelten Menschen mit angeseilt, damit nicht auch noch er abrutscht.

In dieser 5-er Seilschaft ging ich als Letzter, um einen eventuellen Sturz abfangen zu können. Glücklicherweise kamen wir ohne Zwischenfall bei der Stelle an, wo die Frau lag. Ihr Mann ging wie ferngesteuert zu der Toten, die hinter den von mir gemauerten Steinen lag, fiel vor ihr auf die Knie, nahm sie in die Arme und jammerte: „Oh meine geliebte Maria!". Im gleichen Augenblick kamen alle vier Männer zu Sturz. Zum Glück konnte ich mein Seil, an dem wir alle hingen, während des Sturzes, blitzschnell hinter einem Felsen befestigen, denn direkt unter uns befand sich die berüchtigte Spalte, die bereits beim Aufstieg nur schwerlich zu überwinden war.

Die Verankerung des Seiles bremste die Männer ab und sie kamen wieder auf die Füße. Ich lockerte das Seil und ließ die Herren über die Spalte springen. Beim Abstieg ist dies ohne weiteres machbar, beim Aufstieg natürlich nicht. Da die Gäste im Spaltenspringen ungeübt waren, stürzten sie allesamt erneut und hingen hilflos im Seil. Es war ein ganz schönes Stück Arbeit, bis ich die Gruppe auf einer flachen Stelle in Sicherheit gebracht hatte.

Die abgestürzte Frau lag derweil noch immer hinter dem Mäuerchen. Der geschockte Ehemann flehte mich an, seine Frau ebenfalls herunterbringen.

Die Angelegenheit war ja an sich schon eine heillose Tragödie und der Mann tat mir in seiner Verzweiflung natürlich leid. Also stieg ich wieder hinauf und seilte den leblosen Körper in der Taille an. Da die Wand, in der sie lag, mit Fels und blankem Eis durchsetzt war, gab ich ihr mit dem Fuß einen Schubs und sie stürzte hinunter. Zu meinem Bedauern fiel der Leichnam direkt in die Gletscherspalte hinein. Ich hielt zwar das Seil, doch so einem Gewicht hält man ja nicht ewig stand. Als meine Kräfte schwanden, ließ ich los. Dadurch rutschte die Tote noch tiefer in die Kluft und das Seil gleich mit ihr.

Da ich die Frau ja zu ihrem Mann bringen und nicht – wie geschehen - in der Spalte versenken sollte, blieb mir nichts anderes übrig, als nachzuschauen, was im Inneren der Eiskluft los war. Ich erblickte den Leichnam mitsamt dem Seil ziemlich weit unten. Um den leblosen Körper da wieder rauszuholen, musste ich erst mal über die Spalte springen und von der Südseite her dann selbst hineinklettern. Diese Aktion war äußerst mühselig, doch ich konnte sie wieder herausziehen und – wie gewünscht - zu der Stelle transportieren, an der die vier Herren warteten. Der Ehemann zeigte sich den Umständen entsprechend dankbar und zufrieden.

Zwischenzeitlich begann es allerdings nicht nur zu schneien, sondern auch noch zu gewittern. Um die Gefahrenzone schnellstmöglich zu verlassen, ließen wir die Tote im Schnee zurück. Damit sie am nächsten Tag leichter auffindbar sein würde, stellte ich den Eispickel neben ihr auf. So geschwind wie nur möglich stieg ich mit meiner Seilschaft in Richtung Reggentörl zur Essener-Rostocker-Hütte ab. Nachdem wir dort angekommen waren und ich das Unglück geschildert hatte, gab es natürlich ein heilloses Geschrei. Der Ehemann war gleich nach Betreten der Hütte auf sein Zimmer oder sonst wohin verschwunden. Ich informierte umgehend meine Bergrettungskollegen und forderte Verstärkung an, um die verunglückte Frau zu bergen. Gegen 3.00 Uhr in der Früh trafen meine Kameraden ein und nach einem kräftigenden Frühstück zogen wir los. Es war noch finster, als wir Richtung Reggentörl aufbrachen, um von dort aus zum Umbalgletscher weiterzusteigen.

Der Bergrettungsstützpunkt hatte zudem versprochen, einen Hubschrauber zu schicken, um den Leichnam abzuholen. Während des Aufstiegs wurde mir dann mitgeteilt, dass der eingesetzte Helikopter aufgrund eines Motorschadens in Prägraten notlanden musste und nicht mehr weiterfliegen konnte.

Die Verbindung war in dem Kessel bei der Dreiherrenspitze, in dem wir uns befanden, sehr schlecht. Ich musste meinen Bergstock so hoch wie möglich halten, damit der Funk überhaupt einigermaßen funktionierte. Sobald ich diesen etwas tiefer hielt, war auch das Netz weg.

Dass kein Hubschrauber kommen würde, gefiel mir natürlich nicht sonderlich, denn meine jungen Kollegen brachten wenig Erfahrung mit. In der Nacht waren einige Zentimeter Neuschnee gefallen und die anfängliche Finsternis wurde bei Tagesanbruch von einem wolkenlosen Himmel abgelöst. Zudem war es warm, ja regelrecht heiß, denn das Unglück ereignete sich Mitte August. Die unerfahrenen Kameraden aßen aufgrund der Hitze ständig Schnee. Ich riet ihnen jedoch davon ab, da diese Handlung nur noch mehr Durst hervorrufen würde.

Ich wollte keine unnötige Zeit vertrödeln und da die fliegende Unterstützung wegfiel, stapften wir mit dem toten Körper im Schlepptau über das Reggentörl den weiten Weg zurück. Von dort aus geht es nur noch bergab, wenn es auch noch eine ziemliche Strecke bis zur Essener-Rostocker-Hütte zurückzulegen galt. Die Frau schleiften wir abwechselnd hinter uns her.

Das mag makaber klingen, entspricht jedoch nunmal dem knallharten Alltag eines Bergretters.

Als wir dann endlich erschöpft und müde zur Hütte kamen, tauchte doch noch ein Ersatzhubschrauber auf, um die Leiche abzutransportieren. Nachdem auch wir mitgeflogen waren, kehrten meine Kameraden und ich direkt nach der Landung ins Gasthaus Islitzer in Hinterbichl ein, da wir eine Stärkung dringend nötig hatten.

Ich für meinen Teil war mit Gipfelbegehung und Bergung 50 Stunden ununterbrochen im Einsatz, zunächst als Bergführer und dann als Bergretter.

Noch in der gleichen Nacht, um ca. 0.30 Uhr erreichte mich ein Anruf, ich müsse umgehend auf den Gendarmerieposten nach Virgen kommen, um ein Protokoll über den Vorfall erstellen zu lassen. Seinerzeit befand sich die Polizeistation noch in Virgen und Schreibarbeiten wurden mit Hilfe einer mechanischen Schreibmaschine von Beamten selbst getippt. Da ich ziemlich müde und ausgelaugt war, fragte ich den Gendarm, ob es nicht möglich wäre, zu mir ins Gasthaus zu kommen. Diesen Vorschlag lehnte er vehement ab. Der Wirt bekam das Gespräch mit und fuhr mich gleich im Anschluss nach Virgen. Auf dem Posten schilderte ich den Vorfall so detailliert wie möglich und unterzeichnete meine Aussage.

Bereits am nächsten Morgen bekam ich von Seiten eines engen Verwandten, der als Gerichtsvollzieher sein Geld verdiente und demzufolge Einsicht in Gerichtsakten hatte, den Rat, vorsichtig zu sein. Er meinte, wenn ich nicht aufpasse, dann ginge es mir schlecht.

Kurz darauf erhielt ich einen weiteren Anruf, in dem man mich aufforderte, beim Bezirksgericht Matrei i. O. ein weiteres Protokoll über das Unglück aufnehmen zu lassen.

Ich tat also, wie mir geheißen wurde, berichtete nochmals über den tragischen Vorfall und da ich ein paar minimale Abweichungen zur Schilderung gegenüber des

Gendarmeriebeamten äußerte, hieß es plötzlich, ich wäre der fahrlässigen Tötung angeklagt. Nach ca. 8 Tagen kam bereits die Ladung zum Oberlandesgericht Innsbruck. Bis zu diesem Zeitpunkt war ich mit der Justiz überhaupt nie konfrontiert worden. Ich wusste gar nicht, wie mir passierte.
Im Verhandlungssaal saßen eine Menge Leute, denn ein solcher Fall galt damals als Rarität.
Um mich herum befanden sich Kerzen und ein Kruzifix. Während der gesamten Verhandlungsdauer, musste ich als einziger stehen bleiben und fühlte mich wie ein Schwerverbrecher. Dabei hatte ich mir nicht das geringste vorzuwerfen.
Die Befragung der Richterschaft, die aus zwei oder drei Hauptrichtern und etwa zwölf Laienrichtern sowie der Staatsanwaltschaft bestand, dauerte ca. 1,5 bis 2 Stunden. Am Ende wurde die Sitzung vertagt, ich blieb noch immer der fahrlässigen Tötung angeklagt, durfte jedoch erst mal wieder nach Hause fahren.
Bei der folgenden Verhandlung war dann auch der Witwer geladen und ich musste den Geschehensablauf erneut schildern. Dabei fiel mir dann glücklicherweise ein, dass die Verunglückte ja ständig an ihrem Brustgurt gezogen und gezupft hatte, weshalb sich der Knoten des Stricks gelockert haben musste. Aufgrund dieser Aussage wurde ich endlich von der fahrlässigen Tötung freigesprochen, die dann zu Lasten des Witwers ging. Er bekam auch eine Haftstrafe, über deren Dauer ich allerdings keine Erinnerung mehr habe.
Als freier Mann nach Hause zu fahren bescherte mir eine derartige Erleichterung, wie ich sie noch nie zuvor verspürt hatte. Wäre mir der entscheidende Faktor mit dem zu engen Gurt nicht rechtzeitig eingefallen, hätte man mich unschuldig hinter Gitter gebracht.
Ein Jahr nach diesem abenteuerlichen Drama, exakt am gleichen Tag, kam der Witwer erneut auf mich zu, als ich wieder gemeinsam mit meiner Familie vor dem Haus saß. Er fragte,

ob ich ihn auf die Dreiherrenspitze begleite. Ich sagte zu und nachdem der Mann gegangen war, reagierten sowohl meine Mutter als auch die Schwestern auf dessen außergewöhnliche Bitte sowie meine Bereitschaft, mit ihm zu gehen, äußerst argwöhnisch: „Spinnsche wohl äwä, der kann dir ja an Schubs gebn oder was weiß i oder daschlagen!" Von dem weibischen Gerede ließ ich mich nicht beirren, sondern brach mit dem seltsam wirkenden Gast gleich am nächsten Tag zur Essener-Rostocker-Hütte auf.

Am darauffolgenden Morgen nahmen wir den üblichen Weg übers Reggentörl und den Umbalgletscher bis zu jener Un-glücksstelle, an der seine Frau in den Tod rutschte.

Bei der senkrecht abfallenden Eiswand legte der Tourist schweigend seinen Rucksack ab und kramte einen Minialtar mit Kruzifix hervor. Diesen grub er behutsam in den Schnee ein, um das kleine Denkmal zu fixieren. Anschließend bestiegen wir noch gemeinsam den Gipfel der Dreiherrenspitze.

Zum Abstieg wählte ich eine Route, die zur Clarahütte führte. Das war ein ganz eigenartiger Weg, der querfeldein hinunter-führte und den ich nie zuvor gegangen war.

Wir betraten gemeinsam die Hütte und noch ehe ich etwas zu trinken bestellte, war der Kerl plötzlich verschwunden. Ohne Entlohnung für die geführte Tour und nicht mal ein Wort des Dankes schien ich ihm wert gewesen zu sein. Nach seinem Verschwinden habe ich von dem suspekten Menschen bis heute nichts mehr gesehen oder gehört.

Dieses für mich denkwürdige wie eigenartige Erlebnis fand vor ca. 55 Jahre statt.

Der Mann wird wohl inzwischen zu seiner Frau in die himmli-sche Wohnung umgezogen sein, denn das Ehepaar war da-mals bereits um die 60 Jahre alt.

Venedigergrat (Bildmaterial: Alois Berger)

90er Jahre

Überquerung des Großvenedigergrats zum Gipfel
(Bildmaterial: Friedl Steiner)

In meiner Funktion als Bergführer geriet ich mehrfach in Lawinen, da ich ja meinen Gruppen stets vorausgehe, um die Seilschaft zu leiten.

Ich kann mich noch gut an eine gefährliche Situation erinnern, als ich bei eher schlechten Wetterbedingungen mit einem Trupp zu einer Gipfeltour auf die Dreiherrenspitze aufbrach. Es herrschte leichter Schneefall und mir war sehr wohl bewusst, dass erhöhte Lawinengefahr bestand. Ein erfahrener Alpinist erkennt dies bereits an den Trittgeräuschen, die der Schnee verursacht.

Da man als Anführer einer Seilschaft nicht nur für sich, sondern vor allem für die teilnehmenden Bergsteiger verantwortlich ist, muss vor jeder Tour genau überlegt werden, ob sie gefahrlos durchführbar ist oder aus Sicherheitsgründen abgebrochen und zur Umkehr aufgefordert werden sollte.

Ich tendierte an diesem Tag stark dazu, mit meinen Leuten zur Hütte zurückzugehen und die Führung auf einen geeigneteren Tag zu verschieben. Jedoch befand sich ein Tourist in meiner Gruppe, der mir vorwarf: „Ja, ja du willst wohl nicht gern gehen".

Manche Menschen sind einfach unbelehrbar und uneinsichtig. Wie sich noch herausstellen sollte, war es mein Glück, für die geplante Gipfelbesteigung einen inzwischen ebenfalls betagten Bergführerkollegen als Träger angeheuert zu haben. Auch wenn sich in mir ein ungutes Gefühl breit machte, stufte ich die Bergtour nicht von vornherein als absolut lebensgefährlich ein. Also ging ich mit meiner Gruppe nach dem provozierenden Ausspruch des unbelehrbaren Menschen weiter.

Tatsächlich brach genau an der Stelle, an der ich einen Lawinenabgang für möglich hielt, ein Schneebrett los. Obwohl dort, wo normalerweise das blanke Eis herausschaut, der Schnee nicht hätte so tief sein dürfen.

Plötzlich gab es einen lauten Krach und ich wurde von der ausgelösten Lawine – der Schnee war mindestens 2 m tief – mitgerissen und verschüttet.

Von den Schneemassen umschlossen, fühlt man sich wie beim Schleudergang der Waschmaschine und jegliche Orientierung geht verloren. Das heißt, sobald die Lawine, die einen gefangen genommen hat, zum Stillstand gekommen ist, kann man unmöglich feststellen, wo oben, unten, links, rechts, vorn oder hinten ist. Es gibt auch keine Chance, sich etwa selbst zu befreien, denn man liegt wie einbetoniert völlig bewegungsunfähig in dem kalten weißen Natursarg. Nicht mal ein Finger lässt sich krümmen. Bleibt einem nur zu hoffen und zu beten, dass rechtzeitig Hilfe kommt, bevor die Luft ausgeht.

In meinem Fall kam der rettende Engel in Form des einheimischen Bergführers, der mich und meine Gruppe begleitete. Er war erfahren genug, um mich schnell zu orten und auszugraben. Ihm allein habe ich zu verdanken, dass ich dieses Drama überlebte.

Meine Skier, die es mir weggerissen hatte, fanden wir nach kurzer Suche ebenfalls wieder. Da ich keine Verletzungen davontrug und meine Skier ebenfalls heil blieben, ging ich mit meiner Truppe weiter, als wäre nichts passiert. Vorsichtshalber ging ich stets an der Kante entlang. Auf einmal krachte es erneut ganz unheimlich und neben unseren Füßen, die ja auf Skier geschnallt waren, ging eine weitere, diesmal ziemlich gewaltige Lawine ab. Glücklicherweise rissen uns die Schneemassen nicht mit und nach wiederholter Machtdemonstration der Natur begriff auch endlich jener Mensch, der mir zu Beginn des Aufstiegs vorhielt, ich wolle nicht gehen, dass die Tour ein äußerst gefährliches Unterfangen darstellte. Nachdem wir jedoch schon so weit vorangeschritten waren, wich ich mit meiner Gruppe auf Umwegen zur Malhamspitze (3360 m) aus. Das war gar nicht so leicht und kostete alle Mann einiges an Kraft. Am Gipfel angekommen, stärkten wir uns erst mal ordentlich mit Speck, Käse, Brot und heißem Tee. Beim Abstieg bzw. der Abfahrt stürzte ein Mitglied der Gruppe, wobei er sich sowohl Knie als auch Knöchel leicht verdrehte. Um wen es sich dabei handelte, brauch ich wohl nicht extra zu erwähnen. Nun war der aber nicht nur vorlaut, sondern gehörte auch nicht gerade zu den Schnellsten und fuhr aufgrund seines Sturzes noch eine Spur langsamer ab. Dementsprechend schleppend ging unsere Talabfahrt voran, da wir immer wieder Pausen einlegen mussten. Obwohl wir bereits alle auf diesen Sonderling Rücksicht nahmen, jammerte er: „Ihr fahrt ja so schnell, ich komme gar nicht hinterher!"

Mich nervte diese Schleicherei schon gewaltig, denn in einer Höhe von 3500 m sollte man keine unnötige Zeit verplempern.

Ich achte stets darauf, dass ich eine Gruppe so rasch als möglich wieder zum Ausgangspunkt einer Tour zurückbringe.

Dank dieses menschlichen Bremsklotzes dauerte der Abstieg bzw. die Abfahrt zwar um einiges länger als geplant, dennoch konnten wir die Essener-Rostocker-Hütte vor Einbruch der Dunkelheit wohlbehalten erreichen. Bei besagter Gruppe handelte es sich um deutsche Touristen aus Essen, die mich bereits im Winter telefonisch als Bergführer angeheuert hatten. Die angereiste Truppe bestand aus ca. 17 oder 18 Mitgliedern.

Man sieht die Teilnehmer meist erst kurz vor Aufbruch der jeweils gebuchten Gipfelbesteigung zum ersten Mal und kann daher nur schwer einschätzen, wie sich diese verhalten werden, ob in der Hütte oder – was noch viel wichtiger ist – am Berg. Da es sich bei den Essener Gästen um eine größere Gruppe handelte, wurde diese in drei Seilschaften aufgeteilt, sodass jeweils 6 Mann mit mir loszogen.

Während die 18 Bergfexe die Tour als einmaliges Erlebnis abstempeln durften, musste ich an 3 aufeinanderfolgenden Tagen gehen. Und dann sagte der vorlaute, ja beinah schon unverschämte Mensch, der sich in der dritten und letzten Gruppe befand, ich wolle nicht gehen.

Obwohl meine glücklicherweise nur kurz andauernde Lawinenverschüttung gut ausgegangen war, empfand ich dieses Erlebnis natürlich schon als dramatisch.

Wenn man wie ich bei vollem Bewusstsein in dieser kalten und nassen Masse liegt, in der man sich wie eingemauert fühlt, da man sich keinen Millimeter rühren kann, muss man schon sehr viel Willenskraft aufbringen, nicht panisch zu reagieren. Ich hoffte inständig, dass mein Kollege, den ich für jede der drei Touren als Träger mitgenommen hatte, mich rechtzeitig finden und da lebend wieder rausholen würde.

Manche Leute, die noch nie eine derart lebensgefährliche Situation erfahren mussten, geben eine völlig idiotische Meinung kund, indem sie verlauten lassen: „Na dann grab ich halt, wenn ich in eine Lawine gerate."

Dazu kann ich aus eigenen mehrfachen Erfahrungen nur sagen, dass dies unmöglich ist!

Sowohl Hände als auch Füße sind in die Schneemassen einzementiert, der gesamte Körper ist steif und starr. Es bleibt einem einzig und allein die Zuversicht, schnell gefunden zu werden und dass bis dahin der Sauerstoffvorrat in dem weißen Sarg ausreicht.

Ist der Schnee etwa zu schwer, sodass kaum Freiraum zwischen ihm und dem menschlichen Körper besteht, hat man sein Leben ganz schnell ausgehaucht. Man erstickt dann nämlich innerhalb von nur 3 bis 4 Minuten.

In meiner jahrzehntelangen Funktion als Bergführer hatte ich die unterschiedlichsten Charaktere in meinen Gruppen.

Während die einen miesepetrige Gesichter zum Ausdruck

brachten, als wäre die Bergtour ein Strafe, genossen andere hingegen die alpine Führung in vollen Zügen.

Manchen „Murrkopf" habe ich dann so lange positiv beeinflusst, bis auch er Freude am Gipfelaufstieg fand. Natürlich hing eine solche Aufmunterungstaktik stets von meiner eigenen Tagesverfassung ab. Man ist ja schließlich nicht immer in gleich guter Stimmung.

So befand ich mich seinerzeit mit einer 10-Mann-Gruppe für die Dauer von einer ganzen Woche oder sogar länger auf einer Tour über die Tauern. Die Route verlief zunächst vom vorderen Umbaltörl zur Lenkjochhütte(2603 m).

Im Bereich der Philipp-Reuter-Hütte (2677 m) waren wir noch ganz gut unterwegs. Beim Umbaltörl galt es auf der Südtiroler Seite einen steilen Geröllhang zu bewältigen.

Einer der Touristen trug eine große Kamera bei sich und ich riet ihm, seine Knipskiste während des steilen Abstiegs vorsichtshalber im Rucksack zu verstauen. Denn sollte er ausrutschen oder gar stürzen, würde ihm die Fotomaschine sehr wahrscheinlich aus der Hand fallen. „Ach", meinte er, „da passiert schon nichts."

In seinem Optimismus führte der gute Mann den Weg noch ca. 10 m unbeschadet fort, bevor er tatsächlich ausrutschte und seine Kamera über das steile Geröll kugelte.

Sein Apparat kam durch die unfreiwillige Abkürzung zwar eher unten an als sein Besitzer den Weg hinunter fand, dafür aber völlig zerstört. Nun konnte der sture Gast nur noch Einzelteile einsammeln. Und weil er nicht auf meinen Rat hörte, durfte er die kläglichen Überreste seiner Knipskiste ganze 6 oder 7 Tage lang unbrauchbar mit sich herumtragen.

Ich konnte mir die Bemerkung nicht verkneifen: „Tja, wären Sie meiner Empfehlung gefolgt und hätten den Fotoapparat im Rucksack verstaut, wäre nichts passiert!"

Ich hatte ja schon befürchtet, dass der Mann stürzen und seine Kamera dabei Schaden erleiden würde.

Für gewöhnlich bin ich wahrlich kein schadenfroher Mensch, doch dass der Gast seine defekte Kamera während der gesamten Tour nutzlos mit sich herumschleifen musste, dürfte ihm wohl eine Lehre gewesen sein. Die Fotomaschine bzw. deren Einzelteile wogen schätzungsweise 6 bis 7 Kilo und dazu kam noch das Stativ.

Von der Lenkjochhütte aus ging es über die Birnlückenhütte (2441 m) zur Warnsdorferhütte (2336 m) und im weiteren Verlauf zur Kürsingerhütte (2548 m). Nach der Gipfelbegehung des Großvenedigers stieg ich mit den Männern zur Prager Hütte (2796 m) ab. Nahe des Matreier Tauernhauses peilten wir den Sonnblickgipfel (3106 m) an, dem wir nach dessen Besteigung in Richtung Rudolfshütte (2315 m) den Rücken kehrten. Von diesem Alpinzentrum aus verlief unsere letzte Etappe über die Kalser Tauern (2518 m) nach Kals.

Wer die zuvor genannten Örtlichkeiten nicht kennt, hat natürlich auch keine Vorstellung davon, wie weitreichend jene Tour verläuft. Während unseres schier endlosen Marsches wurde seitens der Gruppenmitglieder des öfteren die Frage an mich gerichtet: „Ja wie weit ist es denn heute noch?"

Solche Unsinnigkeiten störten mich gewaltig und haben bei einer Bergtour meiner Meinung nach nichts verloren.

Wenn man schon eine solch ausgedehnte Tour plant und auch daran teilnimmt, jammert man unter dem Gehen nicht ständig herum.

Manchmal planen Touristen wohl einfach nach Gutdünken eine Tour ohne sich darüber im Klaren zu sein, welchen Strapazen sie sich mit deren Realisierung aussetzen.

Die Jammerei zwischendurch war mir jedenfalls stets ein Gräuel. Dass ich speziell diese Männertruppe schon längere Zeit kannte, machte es auch nicht besser.

Bevor ich zur nächsten Geschichte komme, möchte an dieser Stelle unbedingt mal feststellen, dass nach meinen einschlägigen Erfahrungen Frauen bessere Bergfexe sind als Männer, da sie über mehr Ausdauer verfügen.

Mit den Männern ist es nämlich so, dass sie lange Zeit nichts über das Verspüren einer etwaigen Erschöpfung verlauten lassen, sobald Frauen oder Kollegen mit von der Partie sind. Erst wenn die Kraft dann völlig versagt, lassen sie sich an Ort und Stelle jammernd fallen: „Ich gehe keinen Meter mehr weiter. Schluss aus."

So etwas kindisches ist mir mit Frauen überhaupt nie passiert. Das weibliche Geschlecht meldete sich stets gleich zu Wort, wenn eine Route zu anstrengend wurde.

Männer machen hingegen den Fehler, so lange schweigend zu leiden, bis ihnen tatsächlich die Puste ausgeht. Wenn sich die Kondition erst mal verabschiedet hat, geht bei der männlichen Spezies überhaupt nichts mehr.

In solchen Fällen musste ich zum Teil schon ziemlich drastische Maßnahmen ergreifen, damit die Herren sich wieder in Bewegung setzten, um die Tour zu beenden. Entweder schrie ich sie an und wenn das nichts nutzte, gab es auch schon mal den einen oder anderen Klaps.

Als Bergführer begleitete ich unzählige Touristen auf den unterschiedlichsten Touren und vernahm dabei von Frauen nur äußerst selten Klagelaute.

Wenn es darunter Gäste gab, die mit ihren Kräften nicht zu haushalten wussten, waren es ausschließlich Männer.

Dazu fällt mir folgende Geschichte ein:

Unter einer 10-köpfigen Touristengruppe, die aus Aachen stammte und bereits mehrmals in unserem Tal zu Gast war, befanden sich zwei Herren, die etwas verjammert waren. Geplant war eine Tour, die sich auf die Dauer von einer Woche

erstrecken sollte. Erstes Ziel war die Lasörlinghütte, zu der ich
– mit meinen 84 Jahren eh unmöglich – nicht mehr aufsteigen
würde. Unsympathisch verläuft nämlich bereits die erste
Etappe des Weges, der über eine langweilige Fahrstraße
führt.

Wir verbrachten in besagter Hütte die Nacht und wollten am
nächsten Tag zum Lasörling aufsteigen, von dort aus zur Reichenberger Hütte und weiter zur Clara-Hütte wandern. Im
weiteren Verlauf wären wir über den Berger Weg zur Essener-
Rostocker-Hütte, weiter zur Johannishütte, zum Defreggerhaus, auf den Venediger und zu guterletzt zur Pragerhütte gestiegen.

Bis zu unserer ersten Station auf der Lasörlinghütte zeigte sich
das Wetter noch vielversprechend.

Am nächsten Morgen sah es jedoch nicht mehr sehr rosig aus,
denn es schneite. Nichtsdestotrotz brach ich mit meiner
Gruppe zum Lasörlinggipfel auf. Dieses Bergmassiv besteht in
schneefreiem Zustand aus Geröll und Fels.

Trotz eines verheerenden Schneesturms erklommen wir den
Gipfel, um dann jedoch schnellen Fußes zur Lasnitzenhütte zu
flüchten.

Der Lasörling verwandelte sich durch den Neuschnee von
mindestens 1 m in einen extrem steilen Berg. Der Abstieg verlief daher nicht ungefährlich und ich seilte den hinter mir ge-
henden Gast an, da mir dieser am routiniertesten vorkam.
Doch leider war genau das Gegenteil der Fall. Bis zu diesem
Zeitpunkt lief er ohne Ermüdungserscheinungen recht gut.
Sonst hätte ich mir diesen Knaben ja nicht ausgesucht, um ihn
als ersten nach mir anzuseilen. Während des Lasörlingab-
stiegs saß er dann jedoch immer wieder im Schnee.

Obwohl ich von mir geführte Personen sowie deren jeweilige
Kondition aufgrund meiner langjährigen Erfahrungen meist
ziemlich gut einschätzen konnte, hatte ich mich in diesem
Menschen gewaltig getäuscht.

In der Gruppe befand sich auch ein sehr korpulenter Mann, der beim Anseilen zu mir sagte: „Alois, du weißt schon, dass ich 150 kg wiege!" Der hatte wohl Angst, das Seil würde sein Gewicht nicht halten, wenn er ausrutschen sollte. Darauf habe ich ihm nur geantwortet: „Das ist mir ja wurscht!"

Dieser beleibte Herr befand sich in der Mitte der Seilschaft und rutschte tatsächlich mehrfach aus. Doch sorgten seine Stürze nicht für panische Reaktionen meinerseits. Mir war nämlich klar, dass man bei einem Ausrutscher in dem tiefen Schnee, auch wenn der Hang noch so steil und der Mensch noch so dick ist, sofort stecken bleibt.

Meine Truppe wusste dies mangels Erfahrung natürlich nicht und stapfte entsprechend ängstlich hinter mir her, bis wir die Lasnitzenhütte allesamt unbeschadet erreichten.

Aufgrund des schlechten Wetters und der ebenso unfreundlichen Prognosen für die kommenden Tage brach ich die geplante Tour ab, ließ mich und meine Begleiter stattdessen mit dem Auto abholen und ins Dorf zurückfahren.

Bei der Routenbeschreibung erwähnte ich unter anderem den Berger Weg. Dabei handelt es sich um eine sehr interessante Strecke, die sogar nach mir benannt wurde, da ich sie als Erster gegangen bin. Sie wird unter der Bezeichnung „Alpenkönig-Route" geführt und ist auch in Wanderkarten als solche eingezeichnet. Diese Art der Wertschätzung freut mich gewaltig und es ist mir ein Bedürfnis, nachfolgend auf diese schöne, wenn auch nicht ungefährliche, Route etwas ausführlicher einzugehen.

Besagter Steig verläuft von der Essener-Rostocker-Hütte über einen Gebirgsstock durchs Malhamgebirge, den Quirl (3251 m), die Hohe Gruben (2800 m) und den Schinakel (2874 m) hinunter zu einem riesigen Felsbrocken, der ausschaut wie ein Meeresungeheuer.

In diesem Felsen verewigten sich Wasser, Frost und Wind über Jahrhunderte in Form unterschiedlich großer Löcher.

Solch ein phänomenales Naturgestein sollte man gesehen haben.

Den Berger Weg zu gehen ist an sich schon ein Abenteuer, daher rate ich jedem unerfahrenen Interessenten dringend, diese Route ausschließlich in Begleitung eines versierten Führers in Angriff zu nehmen.

Auch von meinen hiesigen Kollegen wird der Berger Weg als eine Tour angesehen, die einen höheren Schwierigkeitsgrad aufweist als jede Gipfelbesteigung.

Bis ins Malhamtal verläuft der Pfad noch recht eben. Von dort aus führt er jedoch steil hinauf zur ersten Scharte, der Hochkarscharte (2888 m). In diesem Bereich wird das Gehen eher mühsam, da man keinem erkennbaren Steig, sondern lediglich der Route folgen kann. Hat man die erste Scharte hinter sich gelassen, geht es weiter über den Quirl bis zur Quirlscharte. Anschließend gilt es, über steiles Geröll zur Hohen Gruben zu gelangen. In diesem Gefilde befinden sich drei große Seen, von denen jeder mindestens 3 Hektar aufweist.

Diese extreme Tour ist zwar eine echte Herausforderung, doch durchquert man vielseitiges Gelände, das alles zu bieten hat, was ein Bergsteigerherz höher schlagen lässt.

Von den stillen Gewässern aus geht es weiter hinauf zum Schinakel. Da es dann extrem schmal wird, ist es unbedingt empfehlenswert, wenn nicht gar unerlässlich, sich anzuseilen.

Genaugenommen ist es am sichersten, während der gesamten Tour angeseilt zu bleiben.

Im Steingrubenareal, das man nach dem Schinakel erreicht, befindet sich das bereits von mir näher beschriebene felsige „Ungeheuer", das in der Tat eine unglaublich sehenswerte Formation darstellt. In den witterungsbedingten Aushöhlungen haben sich kleine Steine angelagert, die immer dann in Bewegung geraten, wenn es regnet oder der Wind hineinpfeift.

Sobald man das monströse Gebilde ausreichend bestaunt hat,

folgt man einem steilen Pfad hinunter zur Clarahütte.

Zu jener Zeit galt es, sich auf die Suche nach einem einheimischen Vermissten zu begeben, der an einem Wintertag das Haus verließ und nicht mehr zurückkehrte.

Der damalige Bürgermeister übertrug mir die verantwortungsvolle Aufgabe, den Abgängigen mit Hilfe meiner Bergrettungskollegen zu finden. Dass wir keinerlei Anhaltspunkte hatten, wo der Vermisste hin wollte oder sich aufhalten könnte, erschwerte die Suche natürlich ungemein.

So kam es, dass wir auch nach 10-tägigem Einsatz noch immer erfolglos waren. Er blieb spurlos verschwunden, als ob ihn der Erdboden verschluckt hätte.

Aufgrund eines Hinweises seitens der Gottschaunalm (1943 m), die sich oberhalb von Obermauern befindet, ein Mann wäre in Begleitung eines Hundes gesehen worden, ließ ich mich per Hubschrauber hinauffliegen. Doch auch in der weitläufigen Umgebung jener Hütte konnte ich den Menschen nicht aufspüren.

Die Ratlosigkeit, wo ich mit der Suche noch ansetzen sollte, beschäftigte mich so sehr, dass ich des nachts eine Vision bekam, der Gesuchte sei von der Tunnelbrücke gestürzt.

Obwohl ich an Zeichen von oben oder sonst woher nicht mehr glaubte, war der Traum unheimlich real.

Da wir bereits an so vielen Orten erfolglos nach dem Mann gesucht hatten, kam es auf eine Stelle mehr oder weniger auch nicht mehr an. Somit ließ ich mich gleich am nächsten Morgen mit dem Helikopter zu den traumdeutenden Örtlichkeiten fliegen. Doch ausgerechnet an dem Tag verschwand die Schlucht in einem Nebelmeer, sodass man überhaupt nichts sehen konnte und die Suche – wie schon befürchtet - abermals ins Leere führte.

Tags drauf fuhren meine Kollegen mit mir erneut zur Tunnelbrücke. Ein Verwandter des abgängigen Mannes, war zur gleichen Zeit auf der gegenüberliegenden Seite der Isel unterwegs, um die Schlucht aus Welzelachsicht in Augenschein zu nehmen. Da wir per Funk in Verbindung standen, ließ er plötzlich verlauten, etwas auf unserer Seite entdeckt zu haben. Man muss dazu sagen, dass es über Nacht ca. 20 cm geschneit hatte. Da wir auf der Tunnelseite nichts erkennen konnten, fuhren wir hinüber und suchten mithilfe des Fernglases noch mal vom Standpunkt des Angehörigen aus die Schlucht ab.

Es war zwar nichts eindeutig zu definieren, doch die Vermutung lag schon sehr nahe, dass es sich um einen menschlichen Körper handelte. Wieder zurück bei der Tunnelbrücke, schauten wir ein weiteres Mal mit dem Fernglas in die Klamm hinunter.

Dabei erkannten wir dann eindeutig eine menschliche Gestalt, bei der es sich in der Tat um den vermissten Dorfbewohner handelte. Dass wir ihn nicht gleich ausfindig machen konnten, lag wohl an der dünnen Schneeschicht, die ihn bedeckte.

Wir stiegen hinunter, seilten ihn an und zogen ihn hinauf.

Der Vermisste ging aller Wahrscheinlichkeit nach gezielt zur Tunnelbrücke, um sich mitsamt seinem vierbeinigen Freund in die Tiefe zu stürzen.

Den Grund für seinen Freitod nahm er mit ins Grab, denn er hinterließ auch keinen Abschiedsbrief. Der Mensch blieb nach seinem Absturz am Ufer der Isel liegen. Sein Hund hingegen muss wohl in den Bach gerutscht und von den wilden Wassern mitgerissen worden sein. An der Unglücksstelle war das Tier nämlich nicht auffindbar.

Seine letzte Fahrt erfolgte für den Toten mit dem Feuerwehrauto zur Leichenhalle beim Dorffriedhof.

In der Regel kommt ein Familienmitglied zur Trauerkammer, um den Verstorbenen bestattungsfähig herzurichten.

Da zu meiner Verwunderung jedoch keiner seiner Angehörigen erschien, wurde die arme Seele ohne jegliche „Verschönerung" vom Bürgermeister und mir eingesargt. Der Leichnam blieb durchnässt und seine Kleidung voller Dreck.

Die nachfolgende Geschichte handelt von einem bekannten Lienzer Künstler. Er zählte – wie auch schon sein Vater – zu den reichsten Persönlichkeiten Osttirols.
Sein Geschick bestand u. a. darin, Serpentingestein so dünn zu schleifen, dass es wie grünes Glas aussah. Daraus formte er Vasen in unterschiedlichstem Design. Nachdem er ein paar Prototypen kreiert hatte, wollte er von mir wissen, wo dieses Gestein zu finden sei. Ich gab zur Antwort, dass mir die Serpentinwand im Ausmaß von mehreren 1000 m³ sehr wohl bekannt ist und fügte hinzu, dass ich dort auf ca. 2500 m Höhe sogar einen Vorschlaghammer deponiert hatte.
Darüber war der Künstlermensch so erfreut, dass er gleich am nächsten Tag mit mir dort hingehen wollte.
Ich machte ihm klar, dass der Weg bis zur Gesteinswand ziemlich weit ist und wir deshalb sehr zeitig aufbrechen müssten.
Der Kunstschaffende sagte zu, am nächsten Morgen recht früh zu erscheinen, trudelte letztendlich aber erst zur Mittagszeit ein. Obwohl man von Prägraten bis zur Gössleswand ca. 5 Stunden unterwegs ist, marschierten wir dennoch los.
Dem Ziel bereits näher als dem Start mussten wir mal mehr, mal weniger steiles Areal überwinden, bevor uns eine Verflachung das Gehen wieder erleichterte. In diesem Bereich fließt der Großbach, der im weiteren Verlauf über steile Felsen ins Tal fällt.
Bereits an jener Flachstelle verlangsamte mein kreativer Begleiter mangels Kondition sein Schritttempo. Dabei waren wir längst noch nicht bei dem Gesteinsmassiv angekommen, zu

dem er ja unbedingt wollte.

Um dorthin zu gelangen, mussten wir über Geröll zur Kleinbachscharte (2800 m) aufsteigen, da sich das Serpentinvorkommen auf der anderen Seite der Wand befand.

Noch bevor wir unser Ziel erreichten, brach bereits die Nacht herein. Aufgrund der Dunkelheit konnten wir letztendlich überhaupt keine Steine abschlagen.

Da stand ich dann unsinnigerweise mit dem Kunsterzeuger mitten im Gebirge.

Unverrichteter Dinge machten wir uns müde, erschöpft und auch enttäuscht auf den Heimweg. Das war allerdings ein ziemlich gefährliches Unterfangen, denn ohne Stirnlampen in der Finsternis über steiles, abschüssiges Gelände zu stolpern, ist keine leichte Aufgabe. Noch dazu musste ich höllisch aufpassen, dass mein kreativer Begleiter nicht ausrutschte oder gar abstürzte.

Wir durchquerten zunächst das Großbachtal, wofür wir geschlagene zwei Stunden benötigten. Über den Stürmitzwald ging es dann steil hinunter zur Pebellalm, die wir gegen Mitternacht erreichten.

Ich war sehr froh, den Menschen trotz Dunkelheit wohlbehalten ins Tal gebracht zu haben. Meine Freude wurde allerdings gleich wieder getrübt, da die Alm bereits geschlossen hatte und wir somit keine Möglichkeit erhielten, uns mit Speis und Trank zu stärken.

So mussten wir mit knurrenden Mägen weitermarschieren bis nach Ströden.

Da der Künstler konditionell nicht mehr in der Lage war, den Fußmarsch bis nach Prägraten fortzusetzen, klingelte ich einen Bewohner aus dem Bett, der uns dann ins Dorf fuhr.

Gegen halb zwei in der Nacht kamen wir schlussendlich ohne Gesteinsbeute vor meinem Haus an.

Der gute Mann hatte sich die Steinsuchaktion mit Sicherheit

viel einfacher vorgestellt und ging wohl fälschlicherweise davon aus, das Serpentinvorkommen befindet sich ganz in der Nähe unseres kleinen Bergdorfes. Mit 11 bis 12 Gehstunden hin und zurück rechnete er garantiert nicht. Obwohl der kreative Mensch nichts dergleichen verlauten ließ, war mir klar, der würde kein zweites Mal zur Gesteinswand gehen.

Da er mir irgendwie leid tat und ich ihm behilflich sein wollte, schlug ich vor, die Steine für ihn zu holen und sie zur Pebellalm zu bringen. Diese Idee nahm er mit Freude auf und so machte ich mich alleine erneut auf den Weg. Um mir den Abtransport der schweren Klötze von jeweils ca. 10 bis 20 kg zu vereinfachen, baute ich im steilen Gelände des Stürmitzwaldes eine hölzerne, mit Kufen versehene Ziehkrippe, auf die ich das Gestein legte und hinter mir herzog.

Damals gab es noch keine Straße, sondern nur einen ziemlich holprigen Weg. Besser als die schweren Brocken zu tragen war ohne Zweifel die Ziehmethode, wenngleich auch diese Variante anstrengend genug war. Auf diese Weise schleppte ich insgesamt mindestens 300 kg Serpentingestein hinunter zur Pebellalm.

Als Dankeschön für meine Plagerei, die nicht nur kräftezehrend sondern auch zeitaufwändig war, bekam ich einen von ihm selbst geschmiedeten eisernen Aschenbecher. Diesen Lohn empfand ich allerdings als Hohn.

Es handelte sich dabei um ein unsigniertes schlichtes Teil, das weder als nützlicher noch als zierender Gegenstand zu gebrauchen ist. Ohne Signatur stellte der Aschenbecher nicht mal einen Wert dar.

Genau genommen war die Überreichung dieses einfach gehaltenen Raucherutensils eine Frechheit. Ein einfaches Dankeschön und ein Händedruck wären nach meinem Empfinden ehrlicher gewesen.

Obwohl der kreative Mensch zunächst so enthusiastisch auf das Serpentingestein reagierte, verarbeitete er höchstens

zwei oder drei meiner abgeschlagenen und ins Tal gebrachten
Klötze zu Kunstwerken. Er kam dann wohl von der Steinschleiferei ab, um sich stattdessen als angesehener Maler einen Namen zu machen.
Zwischenzeitlich ist er im Alter von ca. 80 Jahren verstorben.

Vom Berger Weg kommend befand ich mich eines
schönen Tages mit einer 10-köpfigen Männergruppe kurz vor
Erreichen der Clarahütte. Von der Hütte aus gesehen geht der
Weg, den wir abstiegen, erst ein kurzes Stück flach, dann jedoch steil nach oben.
Als die damalige Wirtin mich erkannte, stürmte sie uns, beladen mit Schnaps und Bier, entgegen und sagte lachend: „Jetzt
kommen die Richtigen."
Sowohl meine Gäste als auch ich waren durch die lange Gehzeit von ca. 7 Stunden ziemlich durstig und so wurde dann natürlich viel getrunken.
Während des Tourverlaufs gibt es zwar ausreichend Möglichkeiten, Wasser zu finden und auch zu trinken, doch eben keinen Alkohol.
Auf der Hütte verlebten wir in Gesellschaft der Wirtin, die zwischenzeitlich zur Bergrettungshütte in Matrei-Goldried gewechselt hat, einen äußerst amüsanten wie feuchtfröhlichen
und geselligen Abend.
Ein Mitglied meiner Truppe schaute allerdings viel zu tief ins
Glas und war am Ende derart betrunken, dass er in seinem
berauschten Zustand unbedingt die Clarahütte kaufen wollte.
Die Wirtin freute sich außerordentlich über unseren Besuch,
denn es war Herbst und die Hütte schloss bereits am nächsten
Tag ihre Pforten, um sich in „Winterschlaf" zu begeben. Deshalb ließ die gute Frau fröhlich verlauten: „Wenn ihr heut
nicht gekommen wärt, hätte ich das restliche Bier ins Tal

fliegen lassen müssen."

Doch da jeder meiner 10 Gäste mindestens 10 Flaschen Bier getrunken hatte, konnte sie sich den Hubschrauberflug letztendlich sparen.

Gegen Mitternacht zog ich mich aus der geselligen Runde zurück und ging schlafen, während die Truppe wohl noch bis 2 oder 3 Uhr in der Früh trinkfreudig weiterfeierte.

Am nächsten Morgen brachen wir zur Reichenberger Hütte auf. Der Weg führt von der Clarahütte erst ein Stück hinaus, dann hinunter zur Isel und weiter ins Dabertal hinein.

Bis zur Ankunft auf der Reichenberger Hütte wiederholte jener Mann, der am Vorabend seinem Körper wesentlich mehr Alkohol zugeführt hatte, als er vertragen konnte, immer wieder seine Kaufabsicht für die Clarahütte.

Unsere Gehzeit betrug immerhin 4 Stunden und da sein Alkoholpegel noch immer ziemlich hoch gewesen sein musste, bemerkte er nicht einmal, dass wir zwischenzeitlich auf einer anderen Hütte angekommen waren.

Während der gesamten Strecke musste ich zudem höllisch aufpassen, dass der Mensch nicht stürzt und den Abhang hinunterkugelt.

Von der Reichenberger Hütte verlief unser Abstieg durchs Kleinbachtal zur Pebellalm und dann nach Hause.

Bei dieser Gruppe handelte es sich im übrigen um die gleichen Aachener Männer, mit denen ich zu einer anderen Zeit auf den Lasörling stieg, um kurz darauf die begonnene Tour wegen starken Schneefalls abzubrechen.

Diese Truppe zählt zu den treuesten Gästen, denn sie kommen jedes Jahr, um eine Bergtour zu machen. Meist zu zehnt, aber auch mal nur zu siebt oder acht.

Da ich aus gesundheitlichen Gründen inzwischen leider nicht mehr als Bergführer tätig sein kann, gab ich die Männer an einen Kollegen ab. Erfreulicherweise sind sie mit dieser Empfehlung auch sehr zufrieden.

Auf dem Großvenediger sollte noch ein weiteres, kleineres Kreuz aufgestellt werden, das ca. 1,50 m Höhe aufwies und von einer Gruppe deutscher Touristen, mit denen ich bereits einige Touren gegangen war, gestiftet wurde.

Anfang September stieg ich mit eben diesen Gästen und dem Kreuz auf der Schulter zunächst zur Essener Rostocker Hütte auf.

Entgegenkommende Wanderer fragten neugierig, welche Bedeutung unsere Formation mit dem geschulterten Kreuz habe. Spontan gab ich darauf zur Antwort: „Wir gehen wallfahrten!" und ließ die verdutzten Touristen einfach stehen, um den Aufstieg fortzusetzen.

Nach einer Übernachtung auf der Essener-Rostocker-Hütte, trugen wir am nächsten Morgen das Kreuz übers Türmljoch zur Johannishütte. Dort verkündete ein Mitglied der Gruppe, er würde uns nicht weiter begleiten, da sich durch die Anstrengung bereits sein Herz bemerkbar machte. So gingen wir ohne ihn weiter bis zum Defreggerhaus und am darauffolgenden Tag dann zum Venedigergipfel, um das Holzkreuz aufzustellen. Meines Wissens handelte es sich bei unserer Mission um die erste und einzige „Wallfahrt" zum Venediger. Oben angekommen, schlugen die Kreuzstifter vor, dieses direkt am Gipfel aufzustellen. Von dieser Idee riet ich allerdings ab, da der gewählte Standort meines Erachtens äußerst ungeeignet war. So ein kleines Kreuz ist nämlich gleich mal eingeschneit oder hinuntergeworfen oder was weiß ich noch alles.

Also schulterten wir es erneut, trugen es zum benachbarten Hohen Aderl (3506 m) und fixierten dessen Aufstellung durch eine stabile Steinmauer. Währenddessen blies ein derart extremer Südsturm, dass wir uns ab und zu an den Steinen festhalten mussten, um der Gefahr zu trotzen, davonzufliegen.

Nachfolgendes Erlebnis ereignete sich in der Schweiz. In charmanter weiblicher Begleitung bestieg ich seinerzeit den Rothorngipfel (2899 m). Dieser Berg brilliert zwar nicht durch seine Höhe, er ist jedoch sehr steil und deshalb auch nicht zu unterschätzen.

Beim Aufstieg begegneten uns zwei Innsbrucker Bergsteiger, die grinsend herschauten und spöttisch zum besten gaben: „Ja die Tiroler Bergführer haben überall Steigeisen an, die können sich das ja leisten."

Um diese kindische Äußerung kümmerte ich mich nicht weiter, stapfte stattdessen schweigend an ihnen vorbei und setzte den Aufstieg mit meiner Begleitung fort.

Wohl nicht zuletzt dank der Steigeisen, die wir beide auch während des Abstiegs an den Füssen behielten, verlief unsere Tour problemlos.

Auf der Route gilt es eine heikle Etappe, die als Bienerplatte bekannt ist, zu meistern. Über deren Flanke führt eine enorm steile Querung. An besagter Stelle befand sich seinerzeit einiges an Neuschnee und darunter lauerte blankes Eis. Für diesen gefährlichen Abschnitt seilte ich meine Begleiterin an und ließ sie vorausgehen. Plötzlich tauchten hinter mir die beiden Innsbrucker wieder auf, die mich wegen der Steigeisen bereits beim Aufstieg ausgelacht hatten.

Sie holten uns ein und genau in dem Moment, als sie sich in meiner Höhe befanden, rutschte einer von ihnen aus. Er versuchte noch, sich an meinem Rucksack festzuhalten, doch ich drehte mich reflexartig zur Seite. Wäre sein Versuch geglückt, hätte er nicht nur seinen Freund, sondern auch mich und meine Begleiterin mit in den Tod gerissen.

So stürzten die beiden Nordtiroler zwar angeseilt, jedoch ohne Steigeisen, unaufhaltsam in die Tiefe.

Nachdem meine Begleiterin und ich am Abend wohlbehalten

zur Hütte zurückgekehrt waren, ging ich gemeinsam mit der Schweizer Bergrettung noch mal los, um die Leichen zu bergen.

So tragisch das Geschehen auch war, doch sich über andere lustig zu machen und selbst leichtsinnigerweise keine Steigeisen zu tragen, kostete den beiden Männer das Leben.

Simonykees (Bildmaterial: Alois Berger)

2000er Jahre

Murmeltierbiss (Bildmaterial: Alois Berger)

Vor ca. 15 Jahren unternahm ich mit Gästen eine Skitour zur Eisseehütte. An jenem Apriltag war es ungemütlich kalt und windig. Unterwegs begegneten wir einem Bergführerkollegen und ich fragte ihn, ob er mir ein Paar Handschuhe leihen könnte, da meine zuhause liegen blieben. Ohne lange zu zögern, reichte er mir seine mit Leder besetzten Wollfäustlinge, die ich sogleich dankbar überstreifte.

Kurz darauf stießen wir auf ein Murmeltier, das genau auf unserer Route lag und bereits halbtot zu sein schien. Ein zweites Nagermännchen lief in einiger Entfernung quietschfidel den Hang hinauf. Wir schenkten den Tieren keine weitere Beachtung und stiegen weiter zur Eisseehütte.

Auf dem Heimweg fuhren wir die gleiche Route mit den Skiern ab.

Als wir erneut bei dem noch immer auf dem Weg liegenden schwachen Murmele vorbeikamen, wollte ich dem Leiden der armen Kreatur mit Hilfe meines Eispickels ein Ende setzen. Doch das Gästepaar zeigte sich entsetzt über mein Vorhaben und meinte: „Lass es doch bitte leben".

Also habe ich es leben lassen und da die meisten Touristen knipsfanatisch sind, wollte auch dieses Paar ein Bild von mir und dem Murmeltier schießen.

Während der Mann seine Fotomaschine in Position brachte, fasste ich dem vermeintlich wehrlosen Geschöpf unter den Hals und hob sein Köpfchen ein wenig auf. In dem Moment rollte sich das Fellwesen blitzschnell auf die Seite und biss mich derart kräftig in den Finger, dass sich seine Zähne durch den robusten Handschuh bohrten. Diese Tiere haben nämlich sehr dünne, mit einer Nadel vergleichbare, Beißerchen.

Zur Fortbewegung war das Murmele zu schwach, zum beißen aber noch kräftig genug.

Ich vermutete, dass es sich bei den Tieren um zwei männliche

Exemplare handelte, die im Zuge der Rangordnung oder Revierverteidigung miteinander gekämpft hatten. Das Stärkere und somit der Sieger des Kampfes, rannte den Hang hinauf, während das unterlegene Murmele schwer verletzt zurückblieb.

Trotz des Bisses hatte ich Mitleid, sodass ich auf die Schnelle ein Nest baute und das Tierchen behutsam darauf bettete.

Nach dem unerwarteten Angriff des nagenden Vierbeiners hatte mein Mittelfinger zwei kleine Löchlein zu beklagen. Da kaum Blut austrat, pinkelte ich erst einmal auf die Wunde und desinfizierte sie anschließend mit Schnaps. Einen gefüllten Flachmann habe ich nämlich bei jeder Tour dabei.

Ich war mir sicher, dass diese Maßnahmen zur Keimfreimachung genügten und kümmerte mich demnach nicht weiter um die Bissverletzung.

Als wir bei der Bodenalm Rast machten, sagte ich zu meinen Begleitern: „Mensch, tut mir der Arm plötzlich weh. Ich versteh das gar nicht". Um dem Schmerz auf den Grund zu gehen, zog ich mein Hemd aus und schaute nach. Der Arm war zu diesem Zeitpunkt nicht nur blau, sondern schon gefährlich dunkel.

Erschrocken über diese ungute Verfärbung fuhren wir schnellstens ins Dorf ab. Zuhause angekommen, inspizierte ich meinen Arm erneut. Wenn mich nicht alles täuschte, war er noch dunkler als zuvor auf der Bodenalm. Mein Hausarzt, den ich kurz darauf telefonisch kontaktierte, ließ nicht lange auf sich warten und bescheinigte mir eine schwere Blutvergiftung.

Nachdem ich ihm vom Murmeltierbiss berichtete, schloss der Doktor auch Tollwut nicht aus. Ich hoffte inständig, diese Vermutung würde sich nicht bestätigen. Eine Infizierung durch verschiedenste Keime, die sich über den Winter in einem mit mindestens 7 bis 10 solcher Tierchen besetzten Bau ansammeln, genügte mir eigentlich vollkommen.

Da mein Hausarzt nichts mehr für mich tun konnte, verwies er mich ans Krankenhaus.

Dort angelangt informierte sich das Ärzteteam nach meiner Berichterstattung zunächst bei den ortsansäßigen Jägervereinen, ob Tollwutfälle bekannt seien. Diese Befragung verlief zu meiner Erleichterung negativ. Tollwutspritzen haben es nämlich ganz schön in sich und bereiten noch etliche Tage nach einer Verabreichung unangenehme Schmerzen.

Jedenfalls bekam ich einmal mehr einen Gipsverband und durfte das Spital erst nach drei Tagen wieder verlassen.

Zuhause angekommen, erzählten mir Skitourengeher, sie seien an dem von mir gebauten Nest vorbeigekommen,fanden es allerdings leer vor und das verletzte Murmeltier lag leblos einige Meter unterhalb.

Meine Eingebung, das arme Tierchen mit dem Eispickel zu töten, wäre eben doch die richtige gewesen. Dadurch hätte ich das Murmele erlöst und wäre von dessen Biss verschont geblieben.

Kurz nach meiner Rückkehr aus dem Krankenhaus besuchte ich mit Bekannten den Gasthof Islitzer. Am Stammtisch saßen die kompletten Jagdvereinsmitglieder in Gesellschaft weiterer Einheimischer und als ich deren Tisch passierte, wurde ich auch gleich schon gefragt: „Was hasche dann schu wieda do?"

Sie deuteten auf meinen eingegipsten Arm, der sich in einer Tuchschlinge befand.

Nachdem ich den Murmeltierbiss erwähnt hatte, brach schallendes Gelächter los. Beim Verlassen des Gasthauses kam ich zwangsläufig erneut am Stammtisch vorbei, an dem die Jäger noch immer saßen und als sie mich sahen, erneut losprusteten.

Allseits bekannt und wieder einmal so zutreffend: „Wer den Schaden hat, braucht für den Spott nicht zu sorgen."

Nun möchte ich die Sache mit der Wiesbauerspitze ansprechen. Der umgetaufte Mullwitzkogel (2767 m), wie er ursprünglich hieß, löste im Jahr 2007 heftige Debatten aus und auch die Medien schlachteten die vorgenommene Namensänderung schlagzeilenkräftig aus. Dabei wurde die Begehung dieses Berges sowohl für Touristen als auch für Einheimische seltsamerweise erst interessant, seit er den Wurstnamen trägt und man einen Steig erstellte.

Bevor dieser Hype um den bis dahin ziemlich vernachlässigten Berg losbrach, setzte kaum jemand seinen Fuß darauf.

Für mich hingegen hatte die Wiesbauerspitze schon seit langer Zeit ihren Reiz. Daher unternahm ich bereits mehrfach Gästeführungen auf dessen Gipfel, als noch kein offizieller Weg hinaufführte und er unter dem Namen Mullwitzkogel verzeichnet war.

Seinerzeit musste man schon genau wissen, welche Seite des Berges sich für den Aufstieg eignete.

Ausgehend von der Pebellalm stieg ich mit meinen Gruppen über den Blinig durch unwegsames Gelände steil hinauf.

Der damalige Alpenvereinsobmann, der sich am meisten darüber echauffierte, wir Prägratner hätten unseren Berg verkauft

– was ja Blödsinn ist, denn der Berg steht immer noch da und wird auch auf ewige Zeiten da stehen bleiben – war nach Erstellung des Steiges einer der Ersten, die den Gipfel der Wiesbauerspitze erklommen.

Da stellt sich mir die Frage, wieso bestieg er nicht längst vor dem ganzen Spektakel um die Namensänderung den bis dahin weitestgehend unbeachteten Berg?

Seinen Schimpftiraden nicht genug, ließ jener Obmann mir gegenüber verlauten: „Es wird keine Alpenvereinskarte geben, worin der Berg als Wiesbauerspitze verzeichnet steht."

Darauf erwiderte ich höchst unbeeindruckt: „Das macht nichts. Es gibt ja genug andere Unternehmen, die Karten herstellen. Mindestens 10 an der Zahl!"
Die Weigerung des Alpenvereins, den neuen Bergnamen in ihren Karten aufzunehmen, ist für den Tourismus irrelevant, da es beispielsweise Karten von Kosmos oder vom Amt für Eich- und Vermessungswesen gibt, die zudem qualitativ hochwertiger sind.

Wenn ich so zurückdenke, muss ich sagen, dass im Laufe der Jahre doch recht häufig meine Gliedmaßen durch Gipsverbände wieder gerade gebogen wurden.
Ich erinnere mich an ein Erlebnis, das etwa 10 Jahre zurück liegt, bei dem ich mir beide Beine gebrochen hatte und ein Gipsverband einmal mehr zum Freund meines geschundenen Körpers wurde.
Zu dieser Verletzung kam es wie folgt:
Am Vortag des Unfalls fuhr ich mit dem Moped von Prägraten nach Ströden und ging von dort mit Schneeschuhen bis ans Biwak der Dabahütte.
Wer genannte Örtlichkeiten kennt, weiß, um welch weite Strecke es sich dabei handelt.
Verständlicherweise war ich durch meine Mammuttour ein wenig müde und erschöpft. Dennoch ging ich am nächsten Tag mit Skiern auf die Johannishütte, um die Preisverleihung für den sogenannten „Venedigerlauf" zu übernehmen. Der Massenstart, der auf Skiern stattfand, erfolgte am Steinbruch in Hinterbichl unterhalb des Groderhofs.
Jenes sportliche Event findet jährlich ca. 100 begeisterte Teilnehmer, die unter Zeitmessung die Johannishütte stürmen.
Im Zuge der Siegerehrung hielt ich eine Rede und verteilte im Anschluss entsprechende Preise an die besten bzw.

schnellsten Läufer.

Als ich bei meinem Aufstieg das Gumbachkreuz passierte, fiel mir auf, wie schief dieses Blechkreuz mit einem Ausmaß von 2 m Höhe da hing. Zugegebenermaßen konnte ich an dem Aluminiumkorpus, der auch von dem Lienzer Künstler aus der Serpentingeschichte erschaffen wurde, noch nie Gefallen finden. Nachdem wohl Wind und Wetter dafür gesorgt hatten, dieses aus der Verankerung zu reißen und es nur noch an einem Nagel hing, war sein Anblick für mich noch desaströser.

Im Vorbeigehen murmelte ich daher: „Den Blechtrottel könnten sie auch mal befestigen" und setzte meinen Aufstieg unbeeindruckt fort.

An besagtem Unglückstag hatte ich höchstens zwei Bier getrunken. Da ich von meiner Wanderung zur Dabahütte am Vortag noch etwas erschöpft war, fuhr ich bei Zeiten gemeinsam mit einer Einheimischen aus Ströden auf Skiern ab. Während sie die direkte Abfahrt wählte, war mir der dortige Schneebelag zu löchrig. Daher zog ich es vor, den Hang schräg zu überqueren, um knapp unterhalb des schief hängenden Kreuzes vorbeizugleiten.

Auf meiner Querfeldeinfahrt tauchte plötzlich ein Schneehügel vor mir auf, dem ich auszuweichen versuchte. Doch aus mir unerklärlichen Gründen scheiterte meine Absicht trotz eingeleitetem Bremsmanöver. Beim anschließenden Zusammenstoß bekam ich in Sekundenschnelle zu spüren, dass es sich nicht etwa um weichen Schnee, sondern vielmehr um einen harten Eisklumpen handelte, der scheinbar vom krummen Kreuz abgefallen war.

Somit brach ich mir bereits beim Aufprall ein Bein. Nachdem ich zu Fall gekommen war, lag ich kopfüber im Steilhang. Da ich diese Position als äußerst ungünstig ansah, startete ich ein Wendemanöver, um mich in eine vertikale Lage zu bringen. Dieser Einfall entpuppte sich allerdings als noch ungünstiger, da er mich ins Rutschten brachte. So schlitterte ich mit zunehmendem Tempo eine Strecke von etwa 300 Höhenmeter hinunter bis zum Bach. Einen Ski verlor ich bereits beim unfreiwilligen Rammen des Eisklotzes, was einen Unterschenkelbruch zur Folge hatte. Der zweite Ski hingegen blieb während meiner gesamten Rutschpartie an meinem Fuß hängen, als wäre er festgeklebt. Die Bindung löste sich wohl deshalb nicht, weil ich stets eine feste Einstellung vornahm, damit sie bei Skitouren nicht aufgeht.

Es grenzt für mich bis heute an ein Wunder, dass ich den Absturz, bei dem ich mich auch noch mehrfach überschlug, überlebte. Meine Begleiterin aus Ströden, die ja bereits über die reguläre Route vorausgefahren war und weiter unten auf mich wartete, verfolgte fassungslos meine unfreiwillige Rutschpartie.

Unweit der Unglücksstelle befindet sich das „Moafer Alble", das aus einer Almhütte und mehreren kleinen Häuschen besteht.

Der damalige Gemeindesekretär, der sich während meines Sturzes dort aufhielt und das Unglück beobachtete, alarmierte sofort die Rettungskräfte sowie einen Hubschrauber.

Als ich endlich liegen blieb, war ich völlig benommen und außer Stande, mich zu bewegen.

Es blieb mir nichts anderes übrig, als auf Hilfe zu warten. Da die Nacht bereits hereinbrach und es auch noch anfing zu schneien, hoffte ich auf schnelle Rettung. In der Dunkelheit kommt nämlich kein Helikopter zum Einsaz und man hätte mich mit dem Akia zu Fuß ins Tal transportieren müssen. Glücklicherweise blieb mir diese Prozedur erspart, denn ich schrie bereits ohne Erschütterungen immer wieder vor Schmerzen laut auf. Nachdem ein Fuß ab war und das andere Bein zwei offene Brüche aufwies, wird der Leser wohl verstehen, dass derartige Verletzungen extreme Wehklagen hervorrufen. Durch die Strümpfe standen meine Knochen hervor, was nicht gerade ein beruhigender Anblick war.

Die Bergung verlief erfreulicherweise reibungslos. Zunächst packte man mich in den Akia und hievte mich anschließend in den Hubschrauber, der umgehend das Lienzer Krankenhaus anpeilte.

Kaum war ich im Spital angekommen, wuselten schon diverse Ärzte um mich herum.

Ich fragte den obersten Operateur, wie denn meine Knochen ausschauen würden. Daraufhin nahm er das Röntgenbild zur Hand und meinte: „Ja schau an dein Geröll". Der Fuß, an dem der Ski wie angewachsen hing, befand sich in einem verheerenden Zustand, nachdem sich mein Bein beim Absturz verdrehte.

So stand die Ärzteschaft erst mal beratschlagend zusammen, um über ihr weiteres Vorgehen zu diskutieren. Einer der Doktoren, den ich im übrigen sehr schätzte, meinte an mich gewandt: „Probier ma holt amol zu operieren".

Um 21.00 Uhr des gleichen Abends landete ich auf dem OP-Tisch und dort verblieb ich bis 7.00 Uhr des folgenden Tages. Obwohl es zunächst für mich bzw. meine Beine nicht gerade gut aussah, da es Komplikationen nach der mehrstündigen Operation gab, bekam mich die Ärzteschaft im Endeffekt doch wieder ziemlich gut hin.

Zu verdanken hatte ich die bestens verlaufende Wundheilung einer begnadeten Medizinerin. Jene Doktorin, die sich letztendlich meiner heiklen Verletzungen annahm, machte das Unmögliche möglich und zurück blieben lediglich drei Narben. Diese Ärztin war ein Segen und gehörte nach meinem Empfinden zu den besten ihrer Zunft.

Als mich langjährige Gäste meines Heimatdorfes, die zudem bereits drei Bücher über mich schrieben, im Spital besuchten, meinten sie mitleidsvoll: „Ja Lois, das wird wohl dein letzter Ausflug in die Berge gewesen sein."

Doch die haben sich gewaltig getäuscht, denn in den Folgejahren kraxelte ich in bester körperlicher Verfassung weiterhin in unserem heimischen Gebirge umher und die Schweizer Berge standen ebenfalls nochmal auf dem Programm.

Erwähnenswert ist auch, dass ich einige Zeit nach dem Unfall auf den Stoanalmwirt traf, der mit erhobenem Zeigefinger zu mir sagte: „Ja, ja so geht's einem, wenn man über ein Jesuskreuz lästert."

Wer weiß schon, was stimmt und was nicht. Gläubige Menschen werden meinen Sturz als Strafe dafür ansehen, dass ich das Kreuz als Blechtrottel bezeichnete. Ich dagegen sage, so ein Unglück kann zu jeder Zeit an jedem Ort passieren.

Obwohl man beim Skifahren weder Helm noch Rückenprotektoren trug, passierten erheblich weniger schwere Pistenunfälle als heutzutage mit der ganzen Schutzausrüstung.

In den 60er und 70er Jahren wurde während der winterlichen sportlichen Ertüchtigung obendrein noch um einiges mehr getrunken.

Seinerzeit war der Einkehrschwung zwecks Hüttengaudi quasi Pflicht und Skilehrer schnapselten mit ihren Gruppen sogar direkt auf der Piste.

Ich möchte kurz auf eine dritte Dame eingehen, der ich im Laufe meines Lebens begegnen durfte. Dass jene betagte Lady erst mit 65 Jahren den Großvenediger bestieg, machte mich neugierig. Vor noch nicht mal 15 Jahren kam sie erneut als Gast nach Prägraten. Zu diesem Zeitpunkt befand ich mich bereits im herbstlichen Alter und jene Dame war sogar noch 13 Jahre älter als ich.

Ich empfand es als äußerst bemerkenswert, dass sie mit ihren stattlichen 86 Jahren in meiner Begleitung noch problemlos – von ein paar Schwankungen mal abgesehen – auf die Niljochhütte marschierte.

Ich war von dieser außergewöhnlichen Dame derart beeindruckt, dass ich eine kurze Liaison mit ihr einging.

Nach ihrer Abreise hörte und sah ich auch von ihr nichts mehr. Und so unglaublich es klingen mag, diese couragierte Frau bezwang im 91. Lebensjahr noch einmal den Großvenediger und zählt inzwischen 99 Lenze!

Unvorstellbar, welch starke und lebensfrohe Frauen es doch gibt.

Für nachfolgende Erzählung reise ich gedanklich zunächst ins Jahr 1941 zurück.

Es geht dabei um die im Krieg notgelandete „Tante Ju", die seinerzeit auf dem Umbalkees in einer Höhe von 2650 m zum Liegen kam.

Von der 12-köpfigen Besatzung überlebte lediglich ein Soldat die unplanmäßige Landung nicht. Man erzählte sich, die Junkers 52 hatte Geheimmaterial an Bord, das für General Rommel nach Afrika geflogen werden sollte. Der Inhalt war derart „top secret", dass Einheimischen untersagt wurde, sich dem Wrack zu nähern.

Da im Tal von der Notlandung niemand etwas mitbekam, wurden natürlich auch keine Rettungskräfte zur Bergung der Besatzung eingesetzt.

Nachdem drei Tage verstrichen waren, beschlossen drei Besatzungsmitglieder, über den Gletscher abzusteigen, um Hilfe zu holen.

Sie schafften es tatsächlich bis an den heutigen Biwak der Philip-Reuter-Hütte, die damals noch als bewirtschaftete Essener Hütte geführt wurde.

Die Soldaten überquerten den Umbalkees, sahen sodann die Hütte und stiegen zu dieser hinauf. Bevor man die Männer ins Tal begleitete, wurden sie über ihren Standort aufgeklärt. Sie waren nämlich der irrigen Meinung, im Ötztaler Gebirge hängengeblieben zu sein.

An dieser Stelle möchte ich erwähnen, dass die Notlandung im Januar erfolgte und somit in unserer Region tiefster Winter herrschte.

Dass es ortsunkundigen wie unerfahrenen Leuten unter gefährlichsten Verhältnissen gelang, den Gletscher unbeschadet zu überwinden, bedeutete für uns Einheimische ein absolutes Phänomen, das schon beinah einem Wunder gleich kam.

Nachdem die drei Helden im Dorf angekommen waren, fand in einem Gasthof, der inzwischen als Gästehaus geführt wird, ein gebührender Empfang statt.

Die sehr bedeutende und ehrenvolle Feier wurde von der Musikkapelle begleitet und etlichen Reden umrahmt. Seinerzeit war ich ein kleiner Bub von ca. 8 Jahren und fand die ganze Szenerie entsprechend spannend wie aufregend.

Die 9 weiteren, auf dem Umbalkees verbliebenen Soldaten, wurden von Rettungskolonnen ins Tal gebracht. Einer von ihnen, der sich bei der Notlandung Kopfwunden zugezogen hatte, erreichte zwar noch lebend das Lienzer Krankenhaus, erlag jedoch kurz darauf seinen schweren Verletzungen.

Bevor Osttiroler Bergsteiger zum Wrack pilgern durften, wurde zunächst unter Gendarmerieaufsicht und schärfster militärischer Bewachung die geheime Fracht abtransportiert.

Als dann das Flugzeug quasi freigegeben wurde, stiegen Einheimische hordenweise zu den metallenen Überresten auf, die ca 1. Stunde vom Reggentörl zu finden waren.

Natürlich wollten sie das Wrack bestaunen, doch der primäre Reiz lag im Ausschlachten des Eisenvogels.

Zur damaligen Zeit war bereits ein Kupferkabel sehr wertvoll. Solche befanden sich kilometerweise in dem Flieger. Das Wrack, mit einer Länge von über 30 m, mutierte zur Goldgrube und alles, was abmontiert und ins Tal gebracht werden konnte, wurde mitgenommen.

Zum Ausschlachten blieb nicht endlos viel Zeit, den der Eisenvogel versank langsam aber sicher im Schnee. Titanicfeeling auf dem Gletscher!

60 Jahre lang wanderte das Wrack im Verborgenen des Umbalkees stets weiter hinunter, bis es eines Tages wieder auftauchte.

Nachdem es im Laufe der Jahrzehnte etwa 500 m weiter abgerutscht war, entdeckte ich dann die ersten Teile dieser Kriegsmaschine im Beisein meines Bruders sowie zweier Gäste. Wir waren auf der Route über das Reggentörl zur Dreiherrenspitze unterwegs und als wir an einem Flusslauf vorbei kamen, in dessen Nähe ich Teile erkannte, die wie Teller aussahen, wollten wir uns diese genauer anschauen.

Bei näherer Betrachtung stellten wir schnell fest, dass es sich um gefährliche Tellerminen handelte.

Der deutsche Tourist an meiner Seite erzählte dazu, als Tiefbauingenieur in Hannover mal eine Brücke gebaut zu haben. Bei dieser Baustelle stießen seine Arbeiter in 5 m Tiefe auf solche Tellerminen, die kurz darauf detonierten. Durch die gewaltige Explosion wurden 4 seiner Leute getötet. Die von uns aufgefundenen Minen waren ebenfalls noch scharf und mein argloser Bruder spielte leichtsinnigerweise damit herum. Erst als der uns begleitende Gast ihm sagte, er solle diese lebensbedrohlichen Kriegswaffen nicht berühren, entfernte er sich schnellstens von den mörderischen Dingern.

Natürlich erzählte ich den Dorfbewohnern von meiner sensationellen Entdeckung, doch es schien niemanden so recht zu interessieren.

Diese Teilnahmslosigkeit enttäuschte mich schon irgendwie und daher wandte ich mich an die Medien.

Genauer gesagt versuchte ich bei der Tiroler Tageszeitung Gehör zu finden und berichtete einem mir nicht völlig unbekannten Journalisten von meiner fantastischen Entdeckung.

Bereits einige Tage später stiegen wir gemeinsam zum Wrack

auf und machten tatsächlich Flugzeugräder und allerhand Krempel ausfindig. Da die Hauptbestandteile des Rumpfes jedoch fehlten, kletterte ich noch weiter hinauf und dort lagen auf dem Eis verstreut eine Menge Kleinteile der Bruchlandemaschine. Der Journalist stieg mir nach und wir nahmen alles mit, was uns gefiel.

Ein Hinweisschild aus Eichenholz mit der Aufschrift: „Alpiner Rettungsschlitten", das höchstwahrscheinlich im Frachtraum des Flugzeugs angebracht war, befindet sich noch heute in meinem Besitz.

Echte deutsche Eiche, die an die 100 Jahre alt oder gar älter sein dürfte und noch dazu mit Inschrift versehen, finde ich unglaublich faszinierend.

Da das Brett aufgrund der langen Liegezeit in Eis und Schnee voller Wasser gesogen war, wog es mindestens das 10fache seines Eigengewichts. Aufgrund seiner Schwere wollte ich es zunächst gar nicht mitnehmen, habe es dann aber doch ins Tal geschleppt und bin heute sehr froh über das Erinnerungsstück.

Die Ju 52 war im übrigen ein sehr beliebtes Kriegsflugzeug, da es beachtliche Frachtmengen laden konnte.

Und man stelle sich vor, der Pilot, der im Jahr 1941 die Maschine auf den Gletscher setzte, war vor etwa 10 Jahren tatsächlich noch einmal hier bei mir in Prägraten, besuchte anschließend Hinterbichl sowie auch das Gasthaus, in dem seinerzeit die Feier für die tapferen Soldaten stattfand.

Ich konnte kaum glauben, dass der Mann noch am Leben war. Unvorstellbar, wie uralt dieser Teufelskerl bei seinem Besuch gewesen sein musste.

Vor 10 Jahren ereignete sich ein Lawinenunglück, bei dem zwei französische Brüder ums Leben kamen.

Die Männer befanden sich auf dem Weg zur Essener-Rostocker-Hütte, als sich noch unterhalb der Waldgrenze ein Schneebrett löste.

Die Touristen wurden von den Schneemassen exakt an jener Stelle überrascht, an der ich in vorangegangenen Wintern unzählige Male eine Jausenpause einlegte, bevor ich weiter zur Essener-Rostocker-Hütte aufstieg.

Obwohl ich als einheimischer Bergführer und Bergretter unsere Alpengefilde sowie die witterungsbedingten Verhältnisse sehr gut kenne, lassen sich Naturgewalten nicht jederzeit und zu 100% einschätzen. Ich war mir sicher, man befände sich in dem Abschnitt außerhalb des Gefahrengebiets, sonst hätte ich mich dort wohl kaum jedes Mal zum Rasten niedergelassen. Das Drama um die Touristen belehrte somit auch mich eines Besseren. Bedauerlicherweise überlebten beide den Schneetsunami nicht.

Die Lawine erstreckte sich bis hinunter zum Maurerbach.

Einer der Brüder konnte unter einer Ansammlung von Schnee, Baumstämmen und Steinen verhältnismäßig rasch, jedoch nur noch tot geborgen werden. Zu dem Zeitpunkt war bereits klar, dass es für dessen noch nicht georteten Bruder ebenfalls keinerlei Überlebenschance mehr gab.

Bezüglich der Bergung des zweiten Touristen wurde eine Besprechung der gesamten Osttiroler Bergrettung, deren jeweiligen Obmänner, Vorstandsmitglieder sowie auch Gendarmeriebeamten abgehalten, in der jeder Einzelne seine Meinung zur Vorgehensweise äußerte. Nachdem alle Vorschläge ausgesprochen waren, meldete ich mich als Letzter zu Wort und gab zu bedenken: „Es lohnt sich nicht, nach einem Toten zu suchen und dafür aufgrund der anhaltenden akuten Lawinengefahr 50 Leben aufs Spiel zu setzen. Daher rate ich, mit der weiteren Suche noch ein paar Tage zu warten."

Mein Statement wurde sowohl vom Bürgermeister als auch den Verantwortlichen der Bergrettung wohlwollend aufgenommen und die Suchmannschaften über die Verschiebung des geplanten Einsatzes informiert. Die erleichterten Kollegen klatschten erfreut lautstark in die Hände.

Nach einigen Tagen hatte sich die Lawinengefahr ein wenig entspannt und die Bergrettungsteams brachen in der Früh um 6.00 Uhr zur erneuten Suche auf.

Mich setzte man als fliegenden Kurier ein, um per Hubschrauberflug auszukundschaften, ob ein weiterer Lawinenabgang drohen könnte. Der Pilot flog mit mir die nähere Umgebung der Schlüsselspitze (2778 m) ab und setzte mich anschließend an der Fundstelle des ersten Franzosen ab, an der die Kameraden die Suche nach dem zweiten Verschütteten wieder aufgenommen hatten. Ich machte den Kollegen kurzerhand klar, dass ein Aufenthalt in dem Lawinengebiet nach wie vor sehr gefährlich sei und wiederholte meine Rede, sie sollten wegen einem Toten nicht ihr Leben riskieren.

Aus Sicherheitsgründen wurde somit auch diese Suche abgebrochen und erst nach einigen weiteren Tagen des Zuwartens wieder aufgenommen. Dabei waren beinah alle Mitglieder der gesamten Osttiroler Bergrettung im Einsatz. Sogar von Kitzbühel waren Helfer mit unterschiedlichsten Geräten angereist, die bei der Suche von Nutzen sein konnten. Darunter befanden sich unter anderem Dampfsonden mit inkludierter Kamera. Stundenlang wurde das gesamte Terrain sondiert, bis man den Verschütteten endlich in der Nähe des Maurerbaches aufspürte. Der Leichnam lag unter Bäumen, Schnee und Steinen in mindestens 6 bis 10 m Tiefe.

Umbalkees (Bildmaterial: Alois Berger)

2010er Jahre

Blick von der Dreiherrenspitze (3499 m)
(Bildmaterial: Alois Berger)

Ich erinnere mich auch sehr gut an die Tragödie, bei der ein Alpinpolizist ums Leben kam.

Seinerzeit war ich verletzt, denn Knochenbrüche an beiden Füßen machten mich gehunfähig. Vor dem Haus sitzend beobachtete ich die Szenerie am Hubschrauberlandeplatz, der sich neben dem Bauhof im Ort befindet.

Ein Helikopter war gerade gelandet, um weitere Bergrettungsleute aufzunehmen. Mir war zu Ohren gekommen, dass es am Venediger einen Spaltensturz mit zwei Toten gab und sich bereits ein Gendarmeriebeamter sowie mehrere Mitglieder der Prägratner Bergrettung an der Unglücksstelle befanden.

An dem Drehflügler wurden gerade zwei weitere Bergrettungskameraden am Seil eingeklinkt, als ein Auto vorfuhr.

Während dieser Geschehnisse stürmte es dermaßen, dass der Hubschrauber nach meinem Dafürhalten überhaupt nicht hätte starten dürfen. Wenn der Wind im Tal schon so stark bläst, geht er auf über 3000 m Höhe so extrem, dass man davonfliegt.

Aus dem ankommenden Fahrzeug stieg der Leiter der Alpenpolizei und hängte sich als letzter „Mitflieger" noch an das Seil des zum Abflug bereiten Helikopters. Mit den drei Personen im Schlepptau flog dieser kurz darauf tatsächlich Richtung Venediger.

Beim Rainertörl (3400 m) geriet er, laut seinen späteren Schilderungen, in dichten Nebel und Sturmböen.

Obwohl der Pilot aufgrund der schlechten Wetterverhältnisse nichts sehen konnte, klinkte er die drei Männer am Seil aus.

Als Begründung gab er an, diese Handlung wäre notwendig gewesen, um das Fluggerät zu entlasten und abdrehen zu können.

Ich persönlich war und bin ein großer Gegner des Ausklinkens von Menschen. Bei der hier geschilderten Tragödie fielen die Rettungskräfte ca. 20 m in die Tiefe.

Der Alpinpolizist hing an unterster Stelle des Seiles und landete demnach als Erster auf dem eisigen, harten Boden. Die beiden Männer der Bergrettung stürzten Sekunden später mit voller Wucht auf seinen Körper und verletzten ihn so schwer, dass er noch an der Unfallstelle verstarb. Das Gewicht meiner Kameraden hatte ihn regelrecht erschlagen.

Die Bergrettungsmitglieder überlebten den Sturz zwar, trugen jedoch schwere Verletzungen davon und leiden bis heute unter den Folgen des fatalen Ausklinkmanövers.

Insgesamt waren für eine Bergungsaktion zweier toter Spaltenopfer 4 Hubschrauber im Einsatz. Ich wäre in meiner aktiven Zeit als Bergrettungsmitglied bei solch schlechten Wetterverhältnissen niemals dort hinauf geflogen.

Gegen den Unglückspiloten wurden zunächst Ermittlungen eingeleitet, denen eine Gerichtsverhandlung folgte. Eine Verurteilung blieb jedoch aus, nachdem der Richter entschied, der Hubschrauberführer habe richtig gehandelt.

Auch wenn ich mich mit meiner Meinung vielleicht weit aus dem Fenster lehne, teile ich diese Ansicht nicht. Meines Erachtens war es grob fahrlässig, Leute einfach auszuklinken ohne tatsächlich etwas sehen zu können.

Ich bin zudem der Auffassung, dass der leitende Alpinpolizist gar nicht hätte mitfliegen müssen, da sich bereits ein Gendarm vor Ort aufhielt. Doch fühlte er sich wahrscheinlich für den korrekten Ablauf der Bergungsaktion verantwortlich und wollte wohl aus diesem Grund unbedingt selbst zur Unglücksstelle.

Tragischerweise musste er sein Leben lassen, obwohl es sich bei dem Einsatz „lediglich" um eine Bergung zweier Leichen handelte.

Es ist mir von daher absolut unverständlich, warum Helfer dafür ihr eigenes Leben riskieren bzw. sogar verlieren mussten.

ittlerweile stehe ich im 85. Lebensjahr, quasi in den Bergen zuhause und kann von Glück reden, dass mir auf meinen unzähligen Touren und Gipfelbesteigungen nie etwas derart gravierendes passierte - von ein paar mehr oder weniger heftigen Blitzschlägen und Knochenbrüchen mal abgesehen -, was körperliche Invalidität zur Folge gehabt hätte. Dass mir im Winter 2015 ausgerechnet mein eigenes Hausdach zum Verhängnis werden sollte, hätte ich mir niemals träumen lassen.

In der Nacht vor jenem Unglücksmorgen tobte ein heftiger Sturm durch unser kleines Bergdorf und ich vernahm von Seiten des Daches ein beunruhigendes Klopfen und Krachen.

Die Vorstellung, die Geräusche könnten von den Kaminabdeckungen stammen, ließ mir keine Ruhe und da ich deren Zerstörung durch Wind oder Schnee verhindern wollte, beschloss ich gegen 9.00 Uhr am nächsten Tag aufs Dach zu steigen, um nachzusehen.

Über mein Vorhaben setzte ich natürlich niemanden in Kenntnis, warum auch. Ich sah darin weder ein Problem, noch eine Gefahr für mich.

Im Nachhinein ist man bekanntlich immer schlauer, daher hätte ich wohl besser die Familie, die den oberen Stock meines Hauses bewohnt, über meine bevorstehende Kaminkontrolle informiert.

Zunächst begab ich mich mit Hilfe einer ausziehbaren Leiter auf den Dachboden und von dort über ein paar weitere Stufen direkt aufs Dach. Aufgrund ergiebigen Schneefalls war die Schneeschicht bereits auf ein beachtliches Maß angewachsen.

Während ich besagte Schornsteinabdeckungen auf ihre Ganzheit überprüfte, rutschte ich im Tiefschnee mit einem Bein ab.

Dabei stürzte ich so ungünstig, dass ich mir einen 3-fachen Oberschenkelbruch zuzog.

Unter beträchtlichen Schmerzen gelang es mir mit Müh und Not, ins Innere des Dachstuhls zu robben. Meinen verletzten Oberschenkel fest umklammernd spürte ich, dass sich sowohl Knochen als auch Gewebe an drei unterschiedlichen Stellen ungewöhnlich flexibel verschieben ließen.

In dem Moment wurde mir schlagartig bewusst, was passiert war.

Schockiert und schwer verletzt lag ich mit höllischen Schmerzen am Boden und rief verzweifelt um Hilfe.

In meinem desolaten Zustand hätte ich es unmöglich geschafft, die steile, ausziehbare Dachbodentreppe hinunterzusteigen ohne mir dabei auch noch das Genick zu brechen.

Zu meinem Leidwesen hörten weder die Bewohner im Haus, noch eventuell vorbeispazierende Passanten vor dem Anwesen, meine Hilferufe.

Erst nach ca. 2 Stunden verließ die kleine Tochter der Familie die Wohnung und wurde auf meine Rufe aufmerksam. Sie gab ihren Eltern Bescheid, die umgehend die Rettung alarmierten. Diese traf mit dem Hubschrauber ein, der mich ins Krankenhaus fliegen sollte. Doch es war gar nicht so einfach, mich von meinem Standort abzutransportieren. Die Dachluke war für die Trage nämlich zu schmal und für den Hubschrauber zudem schwierig, mich vom Dach aus überhaupt aufzunehmen. Die gesamte Ärzte- und Helferschar stand ratlos um mich herum. Bevor ich vor Schmerz das Bewusstsein verlor, sagte ich zu den Dilettanten, sie sollten mich doch mit den Füssen Richtung Dachstuhlleiter drehen und dann hinuntertragen. Wie der Transport letztendlich vonstatten ging, bekam ich nicht mehr mit. Irgendwie muss es ihnen am Ende gelungen sein, mich in den Hubschrauber zu verfrachten.

Erst während des Fluges kam ich wieder zu mir und registrierte, dass ich mich im Helikopter befand.

Der Notarzt, der mich begleitete, agierte sehr rücksichtsvoll und aufmerksam. So dämmte er z. B. den ohrenbetäubenden Rotorenlärm, der im Inneren der Flugmaschine herrschte, durch eine entsprechende Vorrichtung auf eine erträgliche Lautstärke.

Diese Fürsorge empfand ich als äußerst angenehm und da ich dies nicht als selbstverständlich erachte, möchte ich ein solch positives Verhalten auch gern lobend erwähnen.

Im Krankenhaus angekommen, meinte hingegen ein anderer Arzt zu mir: „Lois, steh auf und geh nach Hause."

Ein derart makabrer Scherz machte mich erst mal sprachlos. Mag sein, dass seine Äußerung auf einen Bibelspruch gemünzt war, doch ich fand die Bemerkung mehr als fehl am Platz.

Jedenfalls verschaffte mir der Sturz auf meinem Hausdach einen knapp einjährigen Aufenthalt im Spital und mutierte zu einer der härtsten Zeiten, die ich in meinem bisherigen Leben durchmachen musste.

Vor allem deshalb, weil der Grund meiner überaus langen Krankenhausstationierung nicht bei mir lag.

Zweifelsohne hatte ich den Sturz und den damit verbundenen 3-fach Bruch selbst verschuldet, doch die übermäßig lange Klinikzeit begann damit, dass die extremen Schmerzen auch nach Befestigung sogenannter Fixateure (das sind entsprechende Halterungen, die das gebrochene Bein zusammenhielten) nicht aufhörten.

Um der Ursache auf den Grund zu gehen, wurde ich in eine Röhre geschoben. Dadurch kam zum Vorschein, dass sämtliche Köpfe der Schrauben, die diese Fixateure zusammenhielten, abgefallen und in meinem Bein verstreut waren.

Bei der Behebung jenes Fauxpasses infizierte ich mich zu allem Übel auch noch mit einem Keim, der es über einen ca. 4-wöchigen Zeitraum verhinderte, mein offenes Bein überhaupt wieder zu verschließen.

Dieses Dilemma hatte wiederum zur Folge, dass ich ausschließlich auf dem Rücken liegen konnte, bis der Krankheitserreger vernichtet und die Gefahr, dass bei einer Schließung des Beines Eiter entstehen könnte, gebannt war.

Zwischendurch versicherten mir die Ärzte immer wieder, es sei alles in bester Ordnung und die Heilung würde gut verlaufen.

Dann kamen sie plötzlich wieder mit der Hiobsbotschaft auf mich zu, es sei eben nicht alles in Ordnung und mein Bein müsste amputiert werden. Zunächst war nur vom Fuß die Rede, dann diskutierten sie darüber, das Bein bis zum Knie abzunehmen und letztendlich wollten sie sogar mein komplettes Bein entfernen.

Mir wurde das hin und her zu viel, ich war geschockt, irritiert und kannte mich überhaupt nicht mehr aus, was da eigentlich mit mir passierte.

Glücklicherweise kam es zu keiner Amputation, jedoch werde ich nie mehr ohne Krücken oder zumindest einem Gehstock laufen können.

Ja, ja so kann es gehen. Auf die höchsten Berge, über die gefährlichsten Routen marschierte ich jahrzehntelang unfallfrei und ohne gröbere Verletzungen, um dann auf dem Dach meines Hauses so blöd zu stürzen, dass ich seitdem mit einer Gehbehinderung leben muss.

Das ist in der Tat mehr als betrüblich, dennoch ich bin natürlich heilfroh, dass mein Bein noch dran ist.

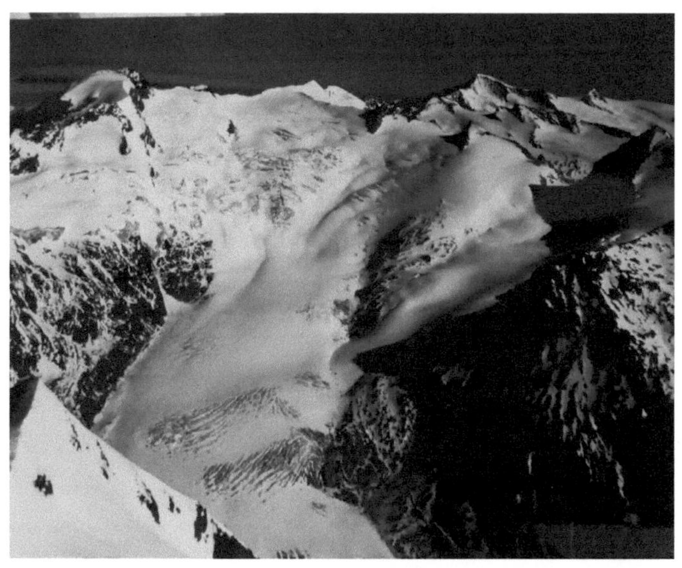

Blick auf die Dreiherrenspitze (3499 m) und das Umbalkees
(Bildmaterial: Alois Berger)

Clarahütte & Essener-Rostocker-Hütte

Clarahütte im Umbaltal (Bildmaterial Alois Berger)

Es liegt mir am Herzen, nicht nur über Erlebnisse während meiner Bergführer- und Bergrettungszeit zu berichten.

Vielmehr möchte ich dem Leser auch Wissenswertes vor allem über zwei der in unserem Tal befindlichen Schutzhütten näherbringen.

Ich beginne mit der Clarahütte, die ausschließlich zu Fuß erreichbar ist und per Hubschrauber beliefert wird. Zur Stromerzeugung dient eine Konstruktion an der Isel, die unterhalb des Hauses vorbeifließt. Die Maschine wird mit Wasser betrieben und gleicht in ihrem optischen Erscheinungsbild einer Mühle.

Vor zwei Jahren verabsäumte der damalige Hüttenwirt im Zuge der bevorstehenden Winterpause, das Gerät abzumontieren und bis zum nächsten Frühjahr an einem geschützten Ort zu lagern.

Diese Nachlässigkeit nutzte eine Lawine, um jene Konstruktion, völlig unbeeindruckt von deren Funktion, mit sich zu reißen. Da von dem Stromerzeugungsmechanismus nicht mehr viel übrig blieb, musste im darauffolgenden Jahr eine neue Konstruktion gebaut werden.

Während der Wintermonate ist die Clarahütte meist komplett mit Schnee bedeckt. Als ob sie sich eine weiße Tarnkappe überstreift, verschwindet sie völlig. Das ist bei den alljährlichen Schneemengen allerdings nicht verwunderlich, denn die Hütte ist flach in die Erde gebaut. Zwischenzeitlich wurden auch Modernisierungsarbeiten vorgenommen, sodass sich nicht nur die Neubauten direkt in der Erde befinden, sondern auch jedes Nächtigungszimmer seitdem über heißes Wasser verfügt. Die Verbauung in die Erde war unverzichtbar, da die Clarahütte alljährlich extremster Lawinengefahr ausgesetzt ist. Sie steht bereits seit über 100 Jahren und wurde in der Zeit insgesamt 6 mal von herabstürzenden Schneemassen schwer beschädigt.

Beim letzten großen Lawinenabgang saß ich gerade vor meinem Haus und konnte die Naturgewalt mit dem Fernglas beobachten.

Oberhalb der Clarahütte befindet sich ein kleines Kar, an dem sich ein gewaltiges Schneebrett löste. Die rutschende Masse bahnte sich ihren Weg über eine große Mulde und donnerte ungebremst etwa 700 Höhenmeter über extrem steile Hänge direkt auf besagte Hütte zu.

Wäre diese nicht bereits durch eine hohe Schneeschicht verdeckt gewesen, hätte die Lawine das Gebäude mitgerissen oder zumindest erneut schwer beschädigt.

Da eine Lawine im Verlauf ihres Abgangs derart an Geschwindigkeit zulegt, schießt sie über die 100 m unterhalb liegende Isel hinaus, auf der anderen Seite wieder ein Stück die Steilwand hinauf, bevor sie langsamer wird und letztendlich wieder hinunterrutscht.

Das ist schon ein beeindruckendes Schauspiel, zumindest wenn man es sich aus der Ferne anschauen kann und nicht direkt im Gefahrengebiet unterwegs ist.

Als ich noch gut zu Fuß war, ging ich des öfteren im Winter zur Clarahütte. Entweder alleine oder auch mit Bergführerkollegen. Selbst wir konnten höchstens erahnen, wo sich die Hütte befindet, da Schneemassen sie quasi verschluckt hatten.

Von der „unsichtbaren" Hütte wechsle ich nun zur Essener-Rostocker-Hütte.

Diese wird seit längerem von Wirtsleuten betrieben, die nicht zum Alpenverein gehören. Die „Anschaffer" kommen jedoch aus der Essener Sektion, die sich im Allgemeinen keiner großen Beliebtheit erfreut. Die Hütte ist seit Jahrzehnten im Besitz des deutschen Alpenvereins - Sektion Essen. Davor waren noch Rostocker und Essener Sektionen gemeinsam zuständig und betrieben auch die Neue Philipp-Reuter-Hütte (2700 m) im Oberen Umbaltal, bevor diese von einer Lawine weggerissen und völlig zerstört wurde.

Bei der Rostockerhütte handelt es sich um ein gemauertes Haus aus Granitsteinen, die vor Ort dem Berg entnommen und verarbeitet wurden.

Man findet in ganz Osttirol kein Haus, das über einen derart langen Zeitraum so stabil und standfest geblieben ist.

Der zum Bau benötigte Mörtel stammte aus einem Gletscherbach, der seinen Ursprung im Simonysee hat. Der darin befindliche Sand wird in getrocknetem Zustand derart hart, dass er sich nicht zerschlagen lässt, da kann man draufhauen, wie man will.

Unterhalb der Hütte, ca. eine Stunde entfernt, verläuft eine Kalkader im Fels.

Das mag für Leute, die unsere Gesteinsvorkommen nicht kennen, unglaubwürdig klingen, so auf die Art: „Was schmettert der denn da zsamm?"

Über den Wahrheitsgehalt meiner Worte kann sich jeder selbst überzeugen. Die beiden Brennöfen, die damals für die Errichtung des Gebäudes benutzt wurden, kann man nämlich heute noch betrachten.

Sie stehen an der Baumgrenze zur Schlüsselspitze, die - wie gesagt - von einer Kalkader durchzogen ist und von der das Gestein entnommen wurde.

Vom nahe gelegenen Wald trug man das Holz heran und schlug Scheite zum Verfeuern. Die Steine wurden in den Flammen gebrannt, anschließend noch warm zum errichtenden Gebäude transportiert, gelöscht und mit heißem Mörtel verbaut. In diesem Zustand sind die Steine ja auch viel leichter, da das darin befindliche Wasser verdampft.

Aufgrund jener genialen Bauweise verringerte sich zwar die Gefahr einer Lawinenzerstörung, doch davor gefeit ist auch diese Hütte nicht.

Bei einer massiven Lawine spielt selbst das beste Baumaterial keine Rolle mehr, denn solch gigantische Naturgewalten sind und bleiben um ein vielfaches stärker.

Doch zurück zur Essener-Rostocker Hütte.

Zwischen den beiden Sektionen herrschte ständiger Streit. Dies blieb einem auch nicht verborgen, wenn man wie ich zwecks Führungen, häufig zu Gast war.

Die Essener-Hütte wurde nach der Lawinenkatastrophe im Umbaltal zur Rostocker-Hütte dazugebaut. Die Verwaltung übernahm jede Sektion für sich und die jeweiligen Vorstände zankten sich permanent. Als Folge der unentwegten Auseinandersetzungen verkaufte die Rostocker Sektion ihre Hüttenanteile letztendlich an die Essener, da sie den nicht enden wollenden Zwistigkeiten überdrüssig wurden.

Aufgrund der Veräußerung erfolgte eine feierliche Verabschiedung der ca. 10 Vorstandsmitglieder, zu der man auch mich einlud.

Wenn mich meine Erinnerung nicht täuscht, fand jene Zeremonie im November statt und der Jahreszeit entsprechend lag die Landschaft unter einer angezuckerten Schneedecke.

Die Männer der Sektion Rostock verbrachten anlässlich der Verabschiedung ihre letzte Nacht in der Hütte und stiegen schweren Herzens am nächsten Tag zur Mittagszeit in meiner Begleitung ab.

Allesamt wirkten sie sehr betrübt und schritten in Schweigen gehüllt gen Tal.

Kerle, so um die 50 Jahre und sogar noch älter, weinten wie kleine Kinder, weil sie sich von der Hütte trennen mussten.

Zugegebenermaßen war es für die Rostocker, die ja immerhin bereits seit Erbauung im vorigen Jahrhundert Besitzer waren, hart, das Feld bzw. die Hütte wegen unsinniger Kappeleien nach so langer Zeit räumen zu müssen.

Das Gejaule der Männer auf dem Weg ins Tal, der zum Teil steil verläuft und auch über eine Gletschermoräne führt, empfand ich allerdings als äußerst befremdend.

Wenn man sich vorstellt, Herren, die sich nahezu im Greisenalter befanden, liefen heulend den Berg hinunter.

Zur Verabschiedung erfolgte im Prägratner Gasthaus „Großvenediger" eine weitere Feier. Unter den geladenen Gästen befanden sich Mitglieder der Tourismusvereine, Bergführer und auch meine Wenigkeit. Dabei fanden die Rostocker noch einmal die Möglichkeit, über ihr Schicksal zu lamentieren.

2017 ereignete sich dann das große Seilbahnunglück zur bzw. von der Essener-Rostocker-Hütte, das bei einer der letzten Bergrettungsversammlungen zur Sprache kam.

Zum Zeitpunkt des Unglücks herrschte extreme Lawinengefahr, sodass der einheimische Bergführer es als sicherer erachtete, seine Gäste mit dem Lastenaufzug ins Tal zu befördern. Dann kam, was nicht kommen sollte. Eine Lawine löste sich, rauschte ins Seil und riss dieses aus den „Schuhen" (so nennt man die Stützen).

Infolgedessen kam die Gondel derart ins Schwingen, dass sie letztendlich auf einem Baumwipfel hängenblieb.

Zwei der Insassen fielen durch das Geschaukel aus der Kiste und zwei weitere warteten in der Baumkrone stundenlang auf Rettung. Die Verantwortlichen zahlten für ihre fahrlässige Handlungsweise jeweils eine geringe Geldstrafe und die Sache war vom Tisch.

Normalerweise werden Beschuldigte bei Unfällen mit Personenschaden mit härteren Strafen bedacht, zumal lediglich Hüttenwirte und deren Personal Lastenaufzüge nutzen dürfen. Für Unbefugte ist es strengstens untersagt, sich damit transportieren zu lassen.

Essener-Rostocker-Hütte (Bildmaterial: Friedl Steiner)

Auszeichnungen („Glufen")

Grünes Kreuz des Alpenvereins und diverse Ehrenmedaillen der Gemeinde Prägraten, Feuerwehr, Bergrettung, Berg- und Skiführer (Bildmaterial: Karin Wurzacher)

Im Laufe meines Lebens war ich über Jahrzehnte hinweg nicht nur als Bergführer sondern auch als aktives Mitglied sowohl der Bergrettung, der Feuerwehr als auch der Lawinenkommission tätig. Auch das eine oder andere Amt des Obmanns wurde mir zuteil und seitens der Feuerwehr, der Gemeinde Prägraten und der Bergrettung diverse Auszeichnungen verliehen.

All diese Ehrungen geben mir das befriedigende Gefühl, meine jahrzehntelange Arbeit als aktives Mitglied in den verschiedenen Organisationen gewissenhaft und professionell ausgeführt zu haben.

Obwohl ich die erhaltenen Auszeichnungen keinesfalls schmälern möchte, stellt für mich die Verleihung des Grünen Kreuzes von Seiten des Alpenvereins etwas ganz besonderes dar.

Dies deshalb, da nur sehr wenige Bergrettungsmitglieder in den Genuss der meines Erachtens höchsten Ehrung kommen, die man überhaupt erhalten kann.

Da mir diese Anerkennung sehr viel bedeutet, möchte ich den Text der mir überreichten Ehrenurkunde nachfolgend wiedergeben:

„In dankbarer Anerkennung für vielfache, unter Lebensgefahr vollbrachte Leistungen im Dienste bergsteigerischer Kameradschaftshilfe wurde Herrn Alois Berger als 345. Bergrettungsmann das 1923 für besondere alpine Rettungstaten gestiftete Alpenvereins-Ehrenzeichen „Für Rettung aus Bergnot" mit Beschluss des Verwaltungsausschusses vom 18.05.1983 verliehen, was mit dem Dank und Glückwunsch der Vereinsleitung hierdurch beurkundet wird."

Anlässlich jener hohen Auszeichnung fand eine Feier in einem unserer Dorfgasthöfe statt. Dabei wurden viele Reden geschwungen, Präsente übergeben, gegessen und getrunken.

Ich denke sehr gerne daran zurück, denn es war für mich ein sehr ergreifendes wie gelungenes Fest.

Ehren
Urkunde
FÜR
60
JAHRE
TREUE MITARBEIT IM
ÖSTERREICHISCHEN
BERGRETTUNGSDIENST
WIRD DEM KAMERADEN
Alois Berger
DIESE URKUNDE VERLIEHEN
TELFS IM FEBRUAR 2017
DER LANDESLEITER
BERGRETTUNGSDIENST
ÖSTERREICH